Дух,
Душа
и Тело II

Послание о духовном мире,
простирающемся в бескрайнем пространстве!

Дух, Душа и Тело II

Д-р Джей Рок Ли

Дух, Душа и Тело II, Автор Доктор Джей Рок Ли
Опубликовано издательством «Урим Букс».
(Представитель - Kyungtae Noh)
73, Yeouidaebang-ro 22-gil, Dongjak-gu, Сеул, Корея
www.urimbooks.com

Все права защищены. Книга, частично или полностью, не может быть воспроизведена ни в какой форме, сохранена в поисковой системе или передана каким-либо иным способом – электронным, механическим, фотокопированием и др., без предварительного письменного разрешения издателя.

Все использованные в этой книге цитаты из Священного Писания, если это не оговорено иначе, взяты из текста Библии в Синодальном переводе. Авторские права защищены © 1960, 1962, 1963, 1968, 1971, 1972, 1973, 1975, 1977, 1995 фондом Лакмана. Использовано с разрешения.

Авторские права перевода © 2016 принадлежат д-ру Эстер К. Чанг. Использовано с разрешения.
ISBN: 979-11-263-0095-2 04230
ISBN: 979-11-263-0093-8 (set)
Oversettelses Opphavsrett © 2013 av Dr. Esther K. Chung. Brukt ved tillatelse.
Ранее опубликовано на корейском языке издательством «Урим Букс» в 2010 г.

Впервые опубликовано в апрель 2016 г.

Редактор – д-р Джеум Сан Вин
Дизайн редакторского бюро издательства «Urim Books»
Контактный адрес для получения большей информации: urimbook@hotmail.com

Предисловие

С того времени как я принял Иисуса Христа и стал читать Библию, я начал молиться о том, чтобы глубоко познать сердце Бога. Бог ответил мне после семи лет многочисленных молитв и постов. После того как я открыл церковь, Бог, через водительство Святого Духа, разъяснял мне трудные для понимания отрывки из Библии и, в частности, дал детальные объяснения по теме «Дух, душа и тело». Это полное тайн повествование позволит нам понять изначальную природу человека, а также познать себя. Я никогда не слышал подобных комментариев прежде, поэтому моя радость не поддается описанию.

Когда я проповедовал на тему «Дух, душа и тело», появилось множество свидетельств и откликов как в Корее, так и за ее пределами. Люди говорили, что они осознали, наконец, кто они были изначально, и получили ответы на свои вопросы по поводу многих трудных мест в Библии, а также поняли, как обрести истинную жизнь. Некоторые из этих людей говорят, что теперь они ставят себе целью стать человеком духа и «соделаться причастниками Божеского естества», то есть они стремятся осуществить то, что во Втором послании Петра (1:4) звучит, как *«дарованы нам великие и драгоценные обетования, дабы вы через них соделались причастниками Божеского естества, удалившись от господствующего в мире растления похотью».*

В трактате Сунь Цзы *«Искусство Войны»* говорится, что если вы знаете себя и своего противника, то вы никогда не проиграете в бою. Послания «Дух, Душа и Тело» проливают свет на глубины вашего «я» и рассказывают о сущности человека. Глубже изучив и поняв себя, можно понять и любого другого человека. Чтобы вести победоносную христианскую жизнь, мы изучим также способы защиты от сил тьмы, которые воздействуют на нас.

Во 2-м томе книги *«Дух, Душа и Тело»* речь, в частности, пойдет об изначальном естестве Бога Творца, о безграничном духовном пространстве и территории света, где будет обитать наш дух. Здесь есть красочные описания, которые помогут лучше представить себе облик Бога и всего мироздания. Как только мы познаем тайны мироздания и станем людьми полного духа, мы сможем выйти за пределы ограниченных возможностей человека и будем пребывать в Божьем измерении, и тогда мы сможем увидеть даже облик Бога. Вот почему в Евангелии от Иоанна, 14:12, Иисус сказал: *«Истинно, истинно говорю вам: верующий в Меня, дела, которые творю Я, и он сотворит; и больше сих сотворит, потому что Я к Отцу Моему иду»*.

Я хотел бы поблагодарить директора Джеум Сан Вина и весь персонал редакционного бюро, возглавляемого им. Я надеюсь, что благодаря этой книге читатели обретут качества, необходимые для того, чтобы войти в пространство света и познать удивительное Божье измерение.

Джей Рок Ли
Март 2010 г.

Отправляясь во второе путешествие в мир духа, души и тела

«Сам же Бог мира да освятит вас во всей полноте, и ваш дух и душа и тело во всей целости да сохранится без порока в пришествие Господа нашего Иисуса Христа»
(1-е послание к Фессалоникийцам, 5:23).

Сегодня виртуальное пространство доступно всем, у кого есть интернет, но люди используют его по-разному, в зависимости от собственной компьютерной грамотности и своих познаний о возможностях интернета. Проводя аналогию, можно сказать, что наша способность понять удивительные чудеса, описанные в Библии, и испытать эти деяния Божьи в собственной жизни, зависит от того, насколько мы знакомы с духовным миром, в котором пребывает Бог.

Библия рассказывает о многих событиях, которые помогают нам познать Божий мир. Перед тем как Стефан был до смерти забит камнями, он увидел открытые Небеса и Сына Человеческого, стоящего одесную Бога (Деяния, 7:56). Это стало возможным потому, что Бог открыл четвертые небеса. Апостол Петр за проповедь Евангелия был заключен под стражу, но вышел на свободу с помощью ангелов. Подобный опыт был также и у апостола Павла, брошенного в темницу в Филиппах. Бог открыл пространство третьих небес и послал могучего ангела, который ослабил цепи и открыл ворота.

Как только мы взрастим в себе полноту духа, мы сможем использовать Божье пространство. Более того, в будущем мы будем наслаждаться вечной жизнью и благословениями в Новом Иерусалиме. С другой стороны, человек, который еще не вошел в полноту духа, должен вначале восполнить меру справедливости, чтобы обрести возможность использовать Божье пространство. Вся эта книга посвящена повествованию о безграничном духовном пространстве.

Чем эта книга поможет читателям:

1. Она поможет им почувствовать любовь Бога, Который, для того чтобы обрести истинных детей, разделил по Своему провидению бескрайнюю вселенную на пространства и измерения и отделил свет от тьмы ради возделывания человечества. Когда мы принимаем Иисуса Христа и подкрепляем свою веру делами, тогда, если мы находимся на территории света, мы можем пользоваться правами, данными детям света.

2. Понять, что Небеса – это пространство света. Они разделены на многие места обитания – от Рая до Нового Иерусалима. Мы будем жить на Небесах, обладая совершенными небесными телами. Мы будем наслаждаться вечной жизнью на Небесах, где все исполнено счастьем и радостью, и это – Божий подарок нам.

3. Помнить, что только сила Бога может сделать нас истинными детьми Божьими, созданными по Его образу. Благодаря силе Бога, мы можем войти в великолепное пространство света и испытать чудесные и могущественные деяния, которые превышают пределы возможностей людей, живущих на этой земле.

Дух, Душа и Тело II
Содержание

Предисловие

Отправляясь во второе путешествие в мир духа, души и тела

Часть 1. Обширное пространство духовного мира

Глава 1. Тьма и свет	2
Глава 2. Качества, необходимые для того, чтобы войти в пространство света	42

Часть 2. Дух, Душа и Тело в духовном пространстве

Глава 1. Различные обители	64
Глава 2. Дух, Душа и Тело в духовном пространстве	88

    1. Духовная форма
    2. Душа и тело, управляемые Духом
    3. Божий дар

Часть 3. Преодолевая ограниченные возможности человека

Глава 1. Божье пространство	146
Глава 2. Божий образ	184

Часть 1. Формирование плоти

Глава 1. Понятие плоти
Глава 2. Сотворение
Глава 3. Люди в физическом пространстве

Часть 2. Формирование души
(Функционирование души в физическом пространстве)

Глава 1. Формирование души
Глава 2. Собственное «я»
Глава 3. Плотские помыслы
Глава 4. Выше уровня живого духа

Часть 3. Возрождение духа

Глава 1. Дух и полнота духа
Глава 2. Изначальный Божий план
Глава 3. Истинный человек
Глава 4. Духовный мир

Дух, Душа и Тело II

Часть 1

Обширное пространство духовного мира

Что происходило на Небесах перед сотворением?
Как были сформированы пространства света и тьмы?

«И вот благовестие,
которое мы слышали от Него и возвещаем вам:
Бог есть свет, и нет в Нем никакой тьмы»
- 1-е послание Иоанна, 1:5

«...Воспевайте Господа,
шествующего на небесах небес от века.
Вот, Он дает гласу Своему глас силы»
- Псалом, 67:33-34

Глава 1.
Тьма и свет

Свет и тьма существуют не только в этом видимом мире;
в духовном мире также есть пространства света и тьмы.
Почему Бог допустил существование пространства тьмы и кто правит тьмой?

Обширное духовное пространство, и Бог Сущий от начала

Бог запланировал возделывание человечества

Изначальный Бог стал Троицей

Бог сотворил ангелов и херувимов

Неудавшийся бунт люцифер

Божье провидение в разделении света и тьмы

Доводилось ли вам в детстве засыпать, считая звезды на небе? Я думаю, что у многих из вас есть такой опыт. Существует множество звезд, которые мы видим своими глазами, но неимоверное количество звезд остается недоступным нашему взору. Насколько же велика эта вселенная?

Даже с развитием науки, люди не могут вычислить точный размер вселенной. Потому что она представляет собой безмерно огромное пространство. Земля и другие планеты образуют солнечную систему; множество солнечных систем и другие небесные тела, группируясь, формируют галактику. Многочисленные галактики в совокупности образуют систему галактик, системы галактик – микрокосмосы, а микрокосмосы, в свою очередь, –гигантскую вселенную.

Солнечная система в нашей галактике видится лишь крошечной точкой. Но и вся наша галактика тоже всего лишь точка по сравнению с размером всей вселенной. Размер физической вселенной невозможно определить с помощью даже самой современной научной аппаратуры. Но и она мала относительно духовного пространства, простирающегося до бесконечности в другом измерении. Так, Библия говорит о разных небесах.

Во Второзаконии, 10:14, говорится: *«Вот, у ГОСПОДА, Бога твоего, небо и небеса небес, земля и все, что на ней»*; а в Книге Неемии, 9:6, мы читаем: *«Ты, ГОСПОДИ, един, Ты создал небо, небеса небес и все воинство их, землю и все, что на ней, моря и все, что в них, и Ты живишь все сие, и небесные воинства Тебе поклоняются»*.

Как же возникло это множество небес и что происходило с небесами до сотворения мира? Давайте обратимся ко времени, предшествовавшему сотворению этого мира. Это было до того, как вселенная и галактика, о которых нам сейчас известно, начали существовать. Вселенная не всегда была такой, как сейчас. Она была одним огромным пространством, в котором не было различия между духовным и физическим мирами.

Обширное духовное пространство, и Бог Сущий от начала

Под обширным духовным пространством подразумевается вся первозданная вселенная. Она была пространством, в котором изначальный Бог обитал прежде веков. Здесь, слова «изначальный Бог» указывают на Бога, Который существовал как свет и голос до сотворения мира. Под первозданной вселенной подразумевается та вселенная, в которой Бог изначально пребывал один.

Как изначально выглядел Бог? Представьте себе великолепный свет, наполнявший бесконечность вселенной, всполохи которого перекатывались, подобно волнам. Согласно 1-му посланию Иоанна, 1:5, где говорится, что «Бог есть свет», Бог простирался через всю первозданную вселенную как прекрасный и ослепительно яркий свет.

Полярное сияние помогает нам представить себе облик изначального Бога. Полярное сияние можно наблюдать в районах, близких к полюсам. Как правило, оно переливается необычайно красивыми красным, голубым, желтым, светло-зеленым и розовым цветами. Говорят, что тот, кто увидел полярное сияние, уже не сможет его забыть, настолько оно прекрасно.

В Послании к Римлянам, 1:20, говорится: *«Ибо невидимое Его, вечная сила Его и Божество, от создания мира через рассматривание творений видимы, так что они безответны»*. Бог сотворил красоту северного сияния, чтобы мы, заинтересовавшись Его изначальным существованием, смогли представить себе Его подлинный облик.

Изначально у Бога был ясный, чистый и величественный голос, пронизывающий свет, который перекатывался, как волны. Слышали ли вы звук, которым сопровождается легкий ветерок? А в ветре, который дует с моря, вы можете услышать шум прибоя. Так и голос, который исходил из первозданного света, был с ним в гармонии, как и звук, несомый ветром. И как звук неотделим от ветра, так и изначальный голос Божий распространялся одновременно со светом по всей вселенной, охватывая ее целиком.

Если вы хоть раз услышите голос Бога, вы не сможете забыть его никогда. Я слышал его несколько раз; он был таким величественным, чистым и ясным! Такой грандиозный и безупречный! Голос Бога действительно очень чистый, ясный, пленительный и вместе с тем настолько величественный, что способен прозвучать во всей вселенной.

В Евангелии от Иоанна, 1:1, говорится: *«В начале было Слово, и Слово было у Бога, и Слово было Бог»*. Это Слово, Которое было в начале, является изначальным голосом, который звучал внутри изначального света. Приведенный выше стих, в котором Бог назван «Словом», характеризует, скорее, естество Бога, Кто есть свет, а не Его форму. «Слово» – это содержание, а «Бог» – имя этого содержания. Таким образом, Бог – это «Слово», и существовал Он как свет и голос, которые наполняли всю вселенную.

Бог запланировал возделывание человечества

На определенном этапе безграничного времени Бог, Который пребывал в одиночестве, запланировал возделывание человечества:

«Что, если бы было такое существо, которое

могло бы познать эту безграничную вселенную и Мое сердце и разделить Мою любовь! Если бы оно только сумело понять и принять Мое сердце и чувства, которые Я разделю с ним, и в ответ отдать Мне свое сердце. Это было бы таким счастьем и радостью!»

Бог желал, чтобы было такое существо, с которым Он мог бы общаться и разделять с ним все, что есть в этой вселенной. А еще Бог хотел, чтобы был тот, с кем Он мог бы разделить Свою любовь. Бог наметил план возделывания человечества с желанием начать новый проект, чтобы обрести Себе истинных детей.

Как вы думаете, с чего Бог начал осуществлять Свой план возделывания человечества? Бог, прежде существовавший как свет, равномерно рассредоточенный по всей вселенной, сконцентрировался в высшей точке духовного мира, и свет приобрел форму. Как только Он собрался в единый свет, возникли различные измерения Небес. Здесь «небеса» являются синонимом различных пространств вселенной. Во-первых, изначально вселенная была одним общим пространством, но так как изначальный Бог сконцентрировался в единый свет, то это привело к созданию различных пространств во вселенной. Так как свет, который до этого распространялся равномерно по всей вселенной, сконцентрировался в высшей точке духовного мира, то были созданы различные пространства согласно яркости света.

В прошлом яркость света была одинаковой во всей изначальной вселенной, теперь же пик духовного мира стал самым ярким местом. Например, если вы расставите 10 тысяч светильников по всему залу, то весь зал будет освещен равномерно. Но что произойдет, если вы установите только один источник света, равный десяти тысячам ламп, в центре зала? Чем ближе к источнику света, тем свет ярче, и, наоборот, чем дальше, тем свет тусклее. Точно так же, когда изначальный свет стал единым, сконцентрированным в определенном месте светом, были созданы пространства, которые отличались друг от друга яркостью освещения.

Изначальный свет – это свет духовный, и по мере того как менялась его яркость, менялась также и плотность духовного естества. Когда изначальный свет собрался воедино, яркость света и плотность духа стали менее насыщенными вдали от источника, где был сконцентрирован свет. Поэтому изначальная вселенная, которая существовала как единое пространство, была разделена на четыре пространства, отличающиеся яркостью света и плотностью духа. Бог назвал их первыми, вторыми, третьими и четвертыми небесами.

Место, в котором изначальный Бог сконцентрировал Себя в единый свет, – особое, оно принадлежит четвертым небесам. Таким образом, самый яркий свет и самая высокая плотность духа – на четвертых небесах. Третьи небеса отличаются меньшей яркостью света и плотностью духа по сравнению с четвертыми небесами; то же можно сказать и о вторых небесах. К духовному миру относятся небеса – со вторых по четвертые. А первые небеса – это физическая вселенная, которую мы видим глазами. Это вселенная, из которой духовное начало было практически полностью удалено в тот момент, когда Бог соединился в единый свет, и поэтому она наполнена не духовной, а плотской сущностью.

В физическом мире, если вы разделите какое-то пространство на четыре части, каждая часть будет меньше первоначальной. Но в духовном мире такого не происходит. Потому что у духовного мира нет границ. Когда безграничная вселенная была поделена на четыре части, эти части были четырьмя бесконечными пространствами. То есть, несмотря на то, что изначальная вселенная стала состоять из четырех небес, каждое из небес не имело границ. Не только вторые, третьи и четвертые небеса, но и первые небеса, которые являются физическим, плотским миром, также не имеют границ.

Бог предусмотрел существование разных небес в соответствии с их назначением. Во-первых, Бог отделил первые небеса и определил их как место для возделывания человечества. Вторые небеса были предназначены для духов тьмы, которые необходимы для возделывания человечества. Но они были также и для Адама, который был сотворен живым духом. Третьи небеса были отделены для создания Небесного Царства, в которое, по результатам возделывания человечества, будет собрана добрая пшеница. И, наконец, четвертые небеса – это пространство Бога Троицы. Это то же самое измерение, что и изначальная вселенная.

Когда изначальная вселенная впервые разделилась на четыре пространства, они ничем не были наполнены. Но это не означает, что небеса были абсолютно пустыми. В изначальной вселенной было множество звезд. Но при этом наша Земля, солнечная система и наша галактика еще не были тогда сотворены на первых небесах. А на третьих небесах еще не было создано Царство Небесное. Это было просто пространство, подходящее для создания Небесного Царства. После этого разделения на пространства, Бог, приступив к делам сотворения, начал их наполнять.

Изначальный Бог стал Троицей

После того как Бог собрался в единый свет, Он разделился на три света. Разделение света на три света не похоже на разделение физического светильника на три части. Скорее, это напоминает создание еще двух дополнительных идентичных ламп от одной, первозданной. И хотя изначальный свет был разделен на три составные части, они не были разрозненными или разнородными: у них была единая сущность.

Изначально был один свет, а два других новых света образовались от Него. После того как стало три света, свет принял духовную форму, по образу которой был создан человек. Они стали существовать как Бог Отец, Бог Сын и Бог Дух Святой. Разделившись, Изначальный Бог стал Богом Троицей, каждая из ипостасей Троицы обрела Собственное духовное тело, с небольшим различием у каждой. Но дух в каждом из духовных тел исходит от одного изначального Бога, поэтому мы можем сказать, что все Три в Одном обладают одним сердцем, одними мыслями, силой и мудростью.

Вот почему мы обращаемся к Богу Отцу, Богу Сыну и Богу Святому Духу, как к Троице. Бог Троица вначале сотворил все то, что было необходимо для пространства, в котором обитал Сам Бог. Когда Бог существовал один, как свет, пронизанный голосом, Ему не нужно было место обитания. Но так как Он обрел форму, Ему стало необходимо место обитания.

Когда Бог Троица пребывает на четвертых небесах, Он может обретать форму, а, может обходиться и без нее. На четвертых небесах Он может менять Свою форму, как Ему захочется, но поскольку Он иногда все же принимает форму, то там есть место обитания. На третьих небесах, которые также вмещают Царство Небесное, Бог всегда пребывает в форме, поэтому Он сотворил там место Своего обитания. Бог также начал создавать духовных существ, которые бы служили Ему.

Бог сотворил ангелов и херувимов

Есть два вида духовных существ, которых сотворил Бог, – это ангелы и херувимы. Ангелы обладают практически той же формой, что и люди, кроме того, что у них есть еще и крылья (Откровение, 14:6). Люди были созданы по образу

Божьему, как и ангелы (От Марка, 16:5). Однако ангелы обладают только внешним сходством с Богом, тогда как у людей не только образ, как у Бога, но и Его сердце.

Какого же роста ангелы? Ангелы совсем как люди. Есть очень маленькие ангелы, и есть огромные ангелы. И они обладают теми качествами и формой, которые соответствуют их назначению.

Например, если ангел исполняет роль генерала армии, то этой роли будет соответствовать более мужественный облик. Для танцев и пения, скорее, подходят ангелы более женственного вида. Конечно же это не означает, что среди танцующих нет ангелов с мужественным видом. Точно так же, как в этом мире есть мужчины-танцоры, есть и танцующие ангелы, похожие на мужчин. Но их внешний вид, мужчины или женщины, не означает, что у них есть пол. Это лишь означает, что с виду они выглядят либо как мужчины, либо как женщины.

Ангелы служат Богу и исполняют свои обязанности, делая то, что им велит Бог. Бесчисленное количество ангелов выполняет множество различных обязанностей.

> *«И все Ангелы стояли вокруг престола, и старцев, и четырех животных, и пали перед престолом на лица свои, и поклонились Богу»* (Откровение, 7:11).

«И видел я другого Ангела сильного, сходящего с неба, облеченного облаком; над головою его была радуга, и лицо его как солнце, и ноги его как столпы огненные» (Откровение, 10:1).

«Не все ли они суть служебные духи, посылаемые на служение для тех, которые имеют наследовать спасение?» (Посл. к Евреям, 1:14)

Среди них есть ангелы, которые исполняют особые поручения в духовном мире, и есть ангелы, которые служат детям Божьим на земле. Количество ангелов, приставленных к каждому верующему, различается в зависимости от степени освященности человека и от того, вошел ли он в дух или полноту духа. Между ангелами установлена иерархия, и подчинение нижестоящих вышестоящим строго соблюдается. Кроме того, есть ангелы, которые приписаны к каждому человеку, независимо от того, верующий он или нет. Эти ангелы записывают все слова и поступки каждого человека, живущего на земле.

Если ангелы похожи на людей, то херувимы напоминают различных животных. Херувимы, обязанность которых – это сопровождать Бога, обладают сходством с такими животными, как лев, орел, корова или бык. В Псалме, 17:11, говорится: *«И воссел на херувимов, и полетел, и понесся на крыльях ветра».*

Драконы, которых люди считают выдумкой, в действительности были одними из херувимов. Первый дракон, сотворенный Богом, был таким красивым и милым, что был как бы домашним животным у Бога. У него был пушистый мех, были также и конечности, а прелесть разнообразия его окраски невозможно описать. Наделенные властью и авторитетом, драконы главенствовали над херувимами. У них в подчинении находились многочисленные посыльные.

Среди херувимов есть «четыре животных». Они выглядят как темный стальной монолит. «Четыре животных» по повелению Божьему насылают бедствия и исполняют наказания. Они демонстрируют величие и власть Бога. У них одна голова, но четыре лика – человека, льва, тельца и орла. Они выглядят так, как если бы четыре человека встали спиной друг к другу, смотря прямо перед собой. Внутри их, по центру, вниз и вверх перемещается пламя. По всему их туловищу – глаза, и они следят за всем.

Когда Бог сотворил ангелов и херувимов, Он не наделил их свободой воли, которая была дана людям. Они должны были просто подчиняться повелениям Божьим, даваемым согласно их положению на иерархической лестнице. И даже сегодня Бог управляет всей вселенной через этих ангелов и херувимов.

Духовный мир хорошо организован и систематизирован

Библия также упоминает о воинстве небесном и архангелах. В Евангелии от Луки, 2:13, говорится: *«И внезапно явилось с Ангелом многочисленное воинство небесное, славящее Бога и взывающее»*. Небесное воинство – это небесная армия.

А также в 1-м послании к Фессалоникийцам, 4:16, говорится: *«Потому что Сам Господь при возвещении, при гласе Архангела и трубе Божией, сойдет с неба, и мертвые во Христе воскреснут прежде»*. Факт существования архангелов говорит нам об определенном порядке в мире ангелов.

Архангелы наблюдают за малейшими деталями, являясь как бы руками, ногами, глазами и ушами Бога. Они также получают указания от Бога и отчитываются непосредственно перед Ним. В подчинении архангелов, которые подобны министрам, трудится множество ангелов. Архангелы не руководят непосредственно всеми ангелами, которые находятся у них в подчинении; для этого над ангелами есть свое начальство, которое управляет каждым подразделением ангелов. При такой налаженной системе, отданная команда исполняется идеально точно, и все донесения безошибочно выверены. И каким бы многоступенчатым ни был процесс, он осуществляется мгновенно.

Бог направляет и исследует каждого человека на этой

земле, восседая на Своем престоле, и в этом свою роль играют ангелы. Конечно же Бог – Всемогущий, и Он Сам может справиться с чем угодно. Тем не менее, ангелы сообщают Богу то, что они непосредственно видели и проверили. Так что ангелы не только докладывают, но и выступают как свидетели. Это еще больше усиливает свет справедливости Божьего суда, когда Он вершит Свой суд.

В качестве примера можно привести наказание, обрушившееся на Содом и Гоморру. В Бытии, 19:1, говорится: *«И пришли те два Ангела в Содом вечером...».* Бог послал Своих ангелов еще раз все проверить, прежде чем наказать Содом и Гоморру. А люди там стали бунтовать. Они даже пытались принести вред этим ангелам. И, как итог, Бог наказал Содом и Гоморру огнем.

Одними из наиболее известных архангелов являются Гавриил и Михаил. Гавриил является посланником, доставляющим особые откровения или известия от Бога. Он высокий и величественный и носит одежду с широкими рукавами, в которых сокрыты Божьи откровения. Точно так же, как придворный, доставляющий царские указы, имеет свои знаки отличия, и на одежде Гавриила есть свой отличительный знак, подобный королевской печати.

Архангел Михаил словно главнокомандующий армии; в его глазах светится достоинство. Он ходит в латах, а на ремне вокруг его талии – самое разнообразное оружие. Ношение оружия в духовном мире означает данную Богом власть вести духовные сражения. Само же разнообразное символическое оружие используется в зависимости от вида сражения.

Есть еще два огромных архангела. У них женский облик, и они наделены большой властью и авторитетом. Они обычно не улыбаются. Их появление сопровождается великими Божьими деяниями. Они такие высокие, что, если они выпрямятся в полный рост даже в здании с высокими потолками, вы все равно сможете увидеть только край их одежды. Измерить их рост нам невозможно, потому что в духовном мире, по сравнению с физическим миром, совсем другой принцип измерения.

Три архангела, которые принадлежат непосредственно Богу

В дополнение к перечисленным ангелам, Бог создал также ангелов, которые находятся под Его непосредственным контролем и служат Ему лично. Это были три архангела, среди которых была и люцифер. По положению и достоинству они подобны другим архангелам, но им дана совершенно особая власть.

Как правило, духовные существа лишены свободы воли. Они могут только безоговорочно подчиняться Богу. Но эти три архангела, которые принадлежали непосредственно Богу, в порядке исключения, обладали природой, близкой к человеческой, и свободой воли, которая может быть только у людей. Бог сотворил их для того, чтобы они, обладая человечностью, разделяли с Ним свою любовь, хотя они не могли быть точно такими же, как Божьи дети, которые прошли через процесс возделывания человечества. Бог дозволил этим архангелам служить Ему по желанию их сердец и добровольно разделять с Ним радость и счастье.

Эти три архангела имели женственную внешность, им было даровано нежное, кроткое и доброе сердце. Слова, которые сходили с их уст, были приятным благоуханием, и держались они очень изысканно. Но у них были некоторые различия в характере. У люцифер был более сильный характер, чем у двух других. Зоной ответственности люцифер была музыка, и она радовала Бога своим красивым голосом и игрой на музыкальных инструментах. Бог был весьма доволен ее прославлением и очень любил ее.

Однажды Бог показал мне люцифер. Она была одета в длинные роскошные одеяния, расшитые драгоценными камнями. А ее волосы были украшены драгоценными же подвесками, которые идеально гармонировали с ее светлыми волосами. Она великолепно владела музыкальными инструментами. Пленительный перезвон драгоценных камней и звуки поклонения сливались воедино и разносились по воздуху, словно дуновение ветра. Звуки возносились к Богу и были необычайно прекрасны.

Но так как она была очень любима Богом и долго пользовалась данной ей властью, в ее разуме стала развиваться гордость. Она завидовала всему тому, что делал Бог, тому, как Он господствует над всем духовным миром. Ее разум был настолько охвачен высокомерием, что она решила, что сможет справиться со всем лучше Самого Бога. И в конце концов она, замыслив вознести себя выше Бога, начала собирать воинство.

Пользуясь своей большой властью, люцифер сначала стала перетягивать на свою сторону ангелов. Вместе с многочисленными ангелами она совратила драконов и множество херувимов, которые им подчинялись. Она заманила их, дав понять, что исполняет секретное поручение Бога.

Неудавшийся бунт люцифер

Бог знал, что на уме у люцифер, и дал ей шанс вернуться. Он предупредил ее о последствиях бунта, стараясь вернуть ее к реальности. Но высокомерие уже завладело ее разумом, и люцифер не свернула с избранного пути. Люцифер восстала против Бога и потерпела поражение. Она была изгнана вместе с теми духовными существами, которые последовали за ней, и была заключена в преисподнюю, которую еще называют бездной.

О бунте и поражении люцифер и о последствиях этого говорится в Книге пророка Исаии (14:12-15):

«Как упал ты с неба, денница, сын зари!

разбился о землю, попиравший народы. А говорил в сердце своем: „взойду на небо, выше звезд Божиих вознесу престол мой и сяду на горе в сонме богов, на краю севера; взойду на высоты облачные, буду подобен Всевышнему". Но ты низвержен в ад, в глубины преисподней».

Библия также говорит об ангелах, которые последовали за люцифер. Во 2-м посл. Петра, 2:4, мы читаем: «*... Бог ангелов согрешивших не пощадил, но, связав узами адского мрака, предал блюсти на суд для наказания*». Также и в Послании Иуды, 1:6, сказано: «*И ангелов, не сохранивших своего достоинства, но оставивших свое жилище, соблюдает в вечных узах, под мраком, на суд великого дня*».

В Бытии, 1:2, рассказывается о том, что произошло в духовном мире перед сотворением этого мира. Там написано: «*Земля же была безвидна и пуста, и тьма над бездною, и Дух Божий носился над водою*».

У этого стиха есть два значения: духовное и физическое. В нем говорится о том, что произошло в духовном мире, а также о вещах, имеющих отношение к физическому миру.

Слова «земля же была безвидна» означают, что бунт люцифер мгновенно нарушил духовный порядок. «Земля» символизирует мир тьмы, которым правила люцифер. Так как люцифер и существа, последовавшие за ней, нарушили порядок, установленный Богом, то на земле был хаос.

Наконец, в этом отрывке говорится о том, что земля была «пуста». Так описывается то, что было на сердце у Бога после предательства люцифер, которую Он так сильно любил.

Но бунт был вскоре подавлен, и злые духи были заключены в глубины ада, в преисподнюю. Эта мысль передана словами «и тьма над бездною». Бог восстанавливал мир и порядок, ввергнув силы тьмы в преисподнюю, что отражено в словах «и Дух Божий носился над водою».

Бог сотворил землю на первых небесах

Когда Земля была только сотворена, ее состояние отличалось от нынешнего. Происходили извержения вулканов от высокой сейсмической активности и движение земных пластов. Бурные процессы происходили также и в атмосфере.

Это нестабильное состояние земли отражено в словах «земля же была безвидна». Далее в стихе говорится: «... и тьма над бездною». Это означает, что, когда Земля была только сотворена, в нашей галактике еще не было солнца, луны и звезд, и поэтому Земля была погружена во тьму. Бог приложил все усилия, чтобы наполнить эту землю всем необходимым. Он предусмотрел на земле все и завершил Свое творение как заботливый отец, который возводит и обустраивает дом для своей семьи.

Этот процесс описан одной фразой: «... и Дух Божий

носился над водою». В то время Бог Сам сошел на землю. Он, пройдясь по всей земле, исследовал, что понадобится на земле и что Он должен на ней создать. Библия говорит, что Дух Божий носился «над водою». Это свидетельствует о том, что в то время поверхность земли была полностью покрыта водой. Так же, как эмбрион растет во чреве матери в околоплодной жидкости, и земля, до наступления шести дней сотворения, долгое время была покрыта водой.

Откуда же тогда взялась эта вода, покрывавшая всю землю? Эта вода была водой жизни, которая текла от Божьего престола. Когда Бог сотворил бескрайнее духовное пространство, Он создал воду жизни и направил ее на землю. Причина, по которой Он покрыл эту землю водой жизни, заключалась в том, чтобы создать благоприятную среду для всех живых существ, включая людей, которые в будущем должны были жить на этой земле.

Кроме планеты Земля, мы не найдем никакой другой планеты в солнечной системе, которая была бы настолько наполнена водой. И действительно, нет другой такой же планеты, где было бы достаточно воды для поддержания жизни. Только на землю Бог доставил воду жизни и создал необходимые условия, при которых могло бы существовать все живое.

Когда Бог покрыл землю водой жизни, Он хотел, чтобы все люди обрели в Боге жизнь вечную. Он желал, чтобы люди, живущие на земле, стали истинными детьми Божьими с чистыми, как вода жизни, сердцами.

Божье провидение в разделении света и тьмы

И, наконец, Бог приступил к первому дню творения. В Бытии, 1:3-4, говорится: *«И сказал Бог: да будет свет. И стал свет. И увидел Бог свет, что он хорош, и отделил Бог свет от тьмы»*. Бог сказал: «Да будет свет». Здесь речь идет о духовном свете, и свет этот исходит от Престола Божьего. Он обладает силой и Божественным началом Творца. Бог покрыл землю этим светом и заложил основание земли, чтобы она не была безвидной и пустой, а функционировала в соответствии с определенным порядком и системой.

Так, в Бытии, 1:4-5, сказано: *«И увидел Бог свет, что он хорош, и отделил Бог свет от тьмы. И назвал Бог свет днем, а тьму ночью. И был вечер, и было утро: день один»*. Повелев: «Да будет свет», Бог установил на Земле основные законы природы, и даже притом, что еще не было ни солнца, ни луны, она начала функционировать так, как будто и солнце, и луна уже были. Порядок чередования дня и ночи уже был учрежден Богом, а солнце и луна были сотворены позже, чтобы главенствовать над днем и ночью.

Но духовный смысл отделения дня от ночи был более важен, чем физический. Он заключается в том, что в первый день творения Бог выпустил люцифер и часть падших ангелов из преисподней, и таким образом был сформирован мир злых духов. Бог знал, что для возделывания человечества необходимо существование духовного света и тьмы – так же, как на земле все подчинено циклу дня и ночи. Он все спланировал до начала времен, и когда настал срок, Он дал люцифер, предавшей Бога, власть управлять тьмой.

Но это не означает, что у нее была такая же власть, как у Бога – Творца и Владыки всей вселенной. Он дозволил существование мира злых духов на определенных условиях и исключительно с целью возделывания человечества, для того чтобы возделывание человечества осуществлялось честно, в рамках справедливости. В действительности люцифер, управительница тьмы, прежде принадлежала миру света, но она покинула его и предалась растлению. Тем не менее, она все равно подчиняется абсолютной силе и власти Бога.

Бог отвел место на вторых небесах для мира тьмы

В Бытии, 1:6-8, говорится: *«И сказал Бог: да будет твердь посреди воды, и да отделяет она воду от воды. И создал Бог твердь, и отделил воду, которая под твердью, от воды, которая над твердью. И стало так. И назвал Бог твердь небом. И был вечер, и было утро: день второй».*

Водою жизни, которая текла от Престола Божьего, Бог утвердил землю, которая является местом действия возделывания человечества. Затем он сотворил твердь. Под «твердью» земли между водами подразумевается созданная Богом атмосфера. Бог разделил воду, которая покрывала емлю, на воду под твердью и воду над твердью.

Вода под твердью была водой, которая осталась на земле. На третий день сотворения вода была собрана в одном месте, чтобы сформировать океан; и он стал источником для образования на земле других водоемов, в частности рек и озер. Воды над твердью были предназначены для таких метеорологических явлений, как образование облаков и появление осадков, но в основном эта вода была предназначена для использования ее в Эдемском саду.

Когда Библия говорит о тверди, то речь идет не только о небе, которое мы видим. В Бытии, в 1-й главе, написано, что все, созданное Богом в течение шести дней сотворения, было хорошо. Кроме второго дня, когда Бог не сказал, что это хорошо. Причина в том, что на второй день Бог дозволил злым духам образовать мир тьмы на вторых небесах, чтобы они господствовали в воздухе и позже были использованы в качестве инструмента в процессе возделывания человечества.

В Послании к Ефесянам, 2:2, говорится: *«...в которых вы некогда жили, по обычаю мира сего, по воле князя, господствующего в воздухе, духа, действующего ныне в сынах противления»*. Этим сказано, что есть территория тьмы, где «в воздухе» обитают злые духи. Это пространство, которое примыкает к востоку от Эдемского сада. Злые духи будут жить там до завершения возделывания человечества.

Как уже говорилось, Эдемский сад находится на вторых небесах, так же как и пространство, отведенное для Семилетнего Брачного Пира, который будет устроен по окончании процесса возделывания человечества. Так как во второй день сотворения была образована территория тьмы, на которой властвуют злые духи, Бог не отметил, что это было хорошо.

Мир злых духов

До того как люцифер стала управлять тьмой, она многому научилась, находясь вблизи Бога Отца. Она видела, как Бог руководит безграничным духовным миром через ангелов и херувимов, и, когда она образовала мир злых духов, она стала подражать Богу. Она установила две системы, чтобы передавать приказы и управлять миром тьмы. Одна из них – это драконы и их ангелы, а другая – сатана и дьявол.

Во-первых, люцифер наделила драконов оперативной властью, как у генералов армии, и дала им в подчинение ангелов, чтобы те исполняли их поручения. Четыре дракона, которые «господствуют в воздухе», контролируют людей тьмы, чтобы вынудить их поклоняться им. Драконы проникают в те места, где существует идолопоклонство, и, как результат, люди им и поклоняются.

Действуя через сатану, «за кулисами» всем руководит люцифер. Сатана, обладая одним сердцем и мыслями с люцифер, контролирует мысли людей, наполняя их неправдой. У сатаны нет устойчивой формы, и он выглядит, как темный дым. По этой причине у тех, кто находится под воздействием сатаны, лицо обрамлено темным облаком. А у некоторых людей и все тело, с головы до пят, окутано темным дымом.

А дьявол подстрекает людей претворить мысли, враждебные истине, в действие. Некоторые из падших ангелов, которых выпустили вместе с люцифер, действуют как дьявол. Дела дьявола противоположны делам ангелов, и облачен он во все черное.

Когда человек поддается на подстрекательства дьявола и предается грехам, отдавая этому все свое сердце, тогда демоны полностью подчиняют его себе. Демоны – это злые духи, но они, в отличие от ангелов, не являются духовными существами, сотворенными Богом. Они некогда были людьми, которые жили на этой земле. Некоторые из людей, которые умерли, не получив спасения, в особых случаях возвращаются на землю, становясь инструментами злых духов.

Мир злых духов был сформирован его лидером – люцифер, и этот мир препятствует делам Божьим. Усилия злых духов направлены на то, чтобы утащить в ад хотя бы еще одну душу. Бог дал люцифер и злым духам власть над тьмой для того, чтобы обрести истинных детей благодаря возделыванию человечества. Истинными детьми являются те, кто, обретя сходство с Богом, живут во свете и истине. Они верят в Бога, в Спасителя Иисуса Христа, любят Бога и подчиняются Ему по собственной доброй воле.

Мир злых духов можно сравнить с удобрением, которое фермер вносит в землю. Химические удобрения содержат яды и вредны для человека, если они попадают в его организм. Но если ими удобрять почву на полях, то это увеличивает их урожайность. Точно так же, через козни люцифер и злых духов, которые враждуют с Богом и побуждают детей Божьих совершать грехи, мы приходим к осознанию того, как нечестива тьма и как по сравнению с ней прекрасен свет. И тогда в нас все больше и больше растет потребность и желание стать детьми Света. То есть, в конечном счете, люцифер и злые духи помогают Богом процессу взращивания людей.

Бог дал людям свободу выбора, поэтому они по собственной воле могут выбирать между светом и тьмой. Бог обитает во свете, и желание быть во свете, то есть ближе к Богу, естественно для тех, кто любит Бога. Так, через процесс возделывания человечества, Бог обретает истинных детей. Бог – это истинный Свет, и люди, отвратившиеся от тьмы, входят в свет и уподобляются Богу. Этих людей можно назвать истинными детьми Божьими. Их ждет вечная жизнь с Господом в мире света. Они будут наслаждаться счастьем и славой, дарованной им Богом навечно.

Территории света и тьмы сосуществуют на вторых небесах

Бог властвует над пространством света. Пространство света включает в себя Эдемский сад на вторых небесах, третьи небеса, где расположено Царство Небесное, и четвертые небеса – изначальное пространство Бога.

На вторых небесах территория света соседствует с территорией тьмы. Как я уже говорил, Бог отделил свет от тьмы в первый день сотворения. Люцифер и злые духи, выпущенные в первый день, стали обитать со второго дня сотворения на территории тьмы, на вторых небесах. Бог дозволил им находиться на территории тьмы на вторых небесах во все время периода возделывания человечества.

Итак, какие пространства существуют на территории света на вторых небесах?

Одно из них Господь приготовил для Семилетнего Брачного Пира. В будущем спасенные души, плоды возделывания человечества, станут участниками этого Пира. В 1-м послании к Фессалоникийцам, 4:17, говорится: *«Потом мы, оставшиеся в живых, вместе с ними восхищены будем на облаках в сретение Господу на воздухе, и так всегда с Господом будем».* В этом стихе слова «на облаках» указывают как раз на эту территорию света на вторых небесах.

Другой территорией света является Эдемский сад. Многие люди думают, что этот сад был на земле. Они искали его в Израиле или в других частях Ближнего Востока. Но до сих пор никому еще не удавалось найти следов Эдемского сада. Потому что Эдемский сад был обустроен не на земле, а на вторых небесах, которые находятся в духовном мире.

Бог сотворил первого человека, Адама, на земле, но позже отправил его в Эдемский сад. Потому что Адам был создан из праха земного, но не был физическим существом. В Бытии, 2:7, говорится: *«И создал ГОСПОДЬ Бог человека из праха земного, и вдунул в лицо его дыхание жизни, и стал человек душою живою»*. Адам стал живым существом, живым духом, потому что Бог вдохнул в него дыхание жизни. Физическое пространство не подходило Адаму, поскольку он являлся духовным существом; для этого существовал Эдемский сад – духовное пространство, расположенное на вторых небесах.

Эдемский сад принадлежит к духовному миру, но отличается от Царства Небесного третьих небес. Это – духовный мир, но если люди сойдут оттуда на землю, то их можно видеть и прикасаться к ним. Эдемский сад напоминает сады на земле, однако растения и животные там никогда не умирают, потому что они часть духовного мира. Он очень ухоженный и чистый, и окружающая среда там сохраняется в первозданном виде. Обширность этой территории трудно себе представить. Так как Адам был живым духом, Бог, кроме Земли, создал для него Эдемский сад на вторых небесах.

Третьи небеса и четвертые небеса

Третьи небеса – это место, где расположено Царство Небесное. Там находится Престол Божий, и там будут жить вечно дети Божьи, спасенные Иисусом Христом. Апостол Павел был забран на третьи небеса и видел Рай. К тому же в Откровении, в главе 21-й, апостол Иоанн подробно описывает небесный город Новый Иерусалим. Мы видим, что Царство Небесное – это не одно открытое пространство, а множество различных мест обитания.

Во-первых, это Рай, который видел апостол Павел. Он предназначен для тех обращенных, чья вера едва позволяет им получить спасение (От Луки, 23:42-43). Люди с большей, чем у них, верой, войдут в Первое Царство Небесное, а с еще большей верой – во Второе Небесное Царство.

Люди, избавившиеся от всех форм греха и ставшие освященными, окажутся на третьих небесах. Те же, кто не только свободен от всех форм зла, но и обрел веру, угодную Богу, то есть вошел в полноту духа, будут жить в Новом Иерусалиме, где находится Престол Божий. Из всех мест обитания на третьих небесах самое яркое сияние излучает Новый Иерусалим. Яркость света блекнет по мере удаления от Нового Иерусалима. Рай – место с наименее ярким сиянием. Но при этом первые небеса, на которых мы живем, не идут ни в какое сравнение с ним. Райский сад гораздо ярче и красивее даже Эдемского сада, который находится на вторых небесах.

Четвертые небеса – это пространство, в котором Бог сначала существовал один. Это пространство принадлежит только Богу Троице. Четвертые небеса – это то место, в котором Бог сконцентрировал весь Свой свет. Эти небеса находятся в том же измерении, что и изначальная вселенная. На первых, вторых и третьих небесах разное течение времени. Но о четвертых небесах мы можем сказать, что там вряд ли существует течение времени и там нет никаких временных ограничений. Кроме того, Бог может там делать все, что пожелает, и это означает, что там нет пространственных ограничений.

Никто не может войти в это пространство по собственному усмотрению, кроме Бога Троицы. Только некоторые архангелы и особые личности из Нового Иерусалима могут войти в это пространство с разрешения Бога. Если кто-либо войдет в него без разрешения Бога, его дух рассеется и исчезнет, как дым.

До сих пор мы говорили о бескрайнем духовном пространстве. Разделение изначального пространства на первые, вторые, третьи и четвертые небеса было частью изначального плана Бога по обретению истинных детей. Точно так же, как существует много уровней пространства «небес», существуют и уровни, которые относятся к пространству «земли». Это – Верхняя могила, Нижняя могила, ад и преисподняя.

Верхняя могила и Нижняя могила

Бог называет «Небесами» то пространство, которое принадлежит Ему, а то, что принадлежит врагу, дьяволу и сатане, зовется «землей». Но есть исключение, каковым и является Верхняя могила.

Спасенные души, до того как отправятся в место ожидания в Раю, будут находиться в Верхней могиле три дня. В духовном мире Верхнюю могилу относят скорее к «земле», чем к Небесам. Но это не означает, что она является частью мира тьмы. Верхняя могила – это еще и территория света, которая принадлежит Богу, и враг, дьявол и сатана, не может войти в нее. Она, конечно же, отличается от Нижней могилы, которая находится под контролем тьмы. Верхняя могила является территорией истины и света.

Тем не менее ее все равно относят к «земле», потому что она не лучше, чем Эдемский сад, который расположен на вторых небесах. Поэтому, когда Библия упоминает о спасенных, отправившихся в Верхнюю могилу, то имеется в виду, что они спустились, а не поднялись.

В Бытии, 37:35, говорится: *«И собрались все сыновья его и все дочери его, чтобы утешить его; но он не хотел утешиться и сказал: с печалью сойду к сыну* моему в преисподнюю. Так оплакивал его отец его». Под «преисподней» здесь подразумевается Нижняя могила, предназначенная для тех, кто не спасен; Верхняя же могила – для тех, кто спасен.

И еще: в 1-й книге Царств, 28:12-13, говорится: *«И увидела женщина Самуила, и громко вскрикнула; и обратилась женщина к Саулу, говоря: зачем ты обманул меня? ты – Саул. И сказал ей царь: не бойся; что ты видишь? И отвечала женщина: вижу как бы бога, выходящего из земли»*. В этой сцене женщина, которая была волшебницей, удивилась, когда увидела умершего Самуила. Самуил был в Верхней могиле, поэтому здесь говорится, что он вышел из земли.

Конечно же это не означает, что женщина-волшебница вызвала дух Самуила. Колдуны и волшебники не обладают силой, необходимой для того, чтобы общаться с Богом или вызывать злых духов. Они могут лишь сообщаться с территорией тьмы и вызывать демонов.

Однако это был особый случай. Бог специально привел Самуила, который находился в Верхней могиле, чтобы он донес до них волю Божью. Бог уже оставил непокорного Саула, но все же дал ему особую благодать, потому что Саул все еще был царем Израиля; и к тому же Бог помнил о том, что Самуил, когда еще был жив, молился, стеная и плача, о Сауле, чтобы тот отвратился от путей греха и непослушания.

Самуил находился в Верхней могиле, потому что он умер до того, как Иисус взошел на крест. Только после Своей смерти на кресте и Воскресения Иисус забрал души из Верхней могилы в место ожидания в Раю. До того как Иисус воскрес, спасенные души оставались в Верхней могиле вместе с Авраамом, отцом веры, который был поставлен управлять Верхней могилой. Вот почему Библия говорит, что умершие души отправлялись на лоно Авраамово. В Евангелии от Луки, 16:22, говорится: *«Умер нищий и отнесен был Ангелами на лоно Авраамово. Умер и богач, и похоронили его»*.

Библия не дает четкого различия между Верхней могилой и Нижней могилой; в ней просто говорится, что люди отправляются в преисподнюю, известную еще как Гадес. Но в притче о богаче и бедном Лазаре Иисус упоминает о разных обителях, приготовленных для тех, кто спасен, и тех, кто не спасен. Лазарь, получив спасение, был отнесен на лоно Авраамово, то есть в Верхнюю могилу; и это место отличается от Нижней могилы, куда отправился богач. Между ними — большая пропасть, и никто не может пересечь ее, чтобы навестить друг друга. Когда мы объясняем, что представляют собой Небеса и земля в духовном мире, то говорим, что Верхняя могила — это часть земли, но она точно является территорией света, которая принадлежит Богу.

В аду есть озеро огненное и озеро, горящее серой

На территории тьмы, помимо Нижней могилы, есть

также огненное озеро и озеро серное (горящее серой). Умерев, неспасенные люди страдают в Нижней могиле, а после Великого Суда они отправятся либо в озеро огненное, либо в озеро, горящее серой. Правосудие, исключая всякие ошибки, будет вершиться согласно Книге жизни, в которую вписаны имена спасенных, и согласно другим книгам, где описаны дела каждого человека.

В Откровении, 20:12-15, говорится о том, как будет проходить Суд:

> «И увидел я мертвых, малых и великих, стоящих пред Богом, и книги раскрыты были, и иная книга раскрыта, которая есть книга жизни; и судимы были мертвые по написанному в книгах, сообразно с делами своими. Тогда отдало море мертвых, бывших в нем, и смерть и ад отдали мертвых, которые были в них; и судим был каждый по делам своим. И смерть и ад повержены в озеро огненное. Это – смерть вторая. И кто не был записан в книге жизни, тот был брошен в озеро огненное».

Под «мертвыми» здесь подразумеваются те, кто не приняли Иисуса Христа, или те, у кого мертвая вера. Они предстанут перед Престолом Божьим для суда; и есть книга, которая будет открыта. Кроме Книги жизни с именами спасенных людей, есть еще другие книги, где занесены все поступки каждого умершего человека, не получившего спасение. Ангелы записывают не только поступки людей, но также и их мысли и то, что у них на сердце и на уме, от рождения до смерти. Неполучившие спасение, будут судимы сообразно масштабам совершенных ими грехов, занесенных в эту книгу, и они получат вечное наказание.

«Море» указывает на место возделывания человечества, чем и является наша земля. Таким образом, выражение «тогда отдало море мертвых» означает, что они были возделаны на этой земле. И, кроме того, оно подразумевает, что мир отдаст их мертвые физические тела на суд. Если люди умрут, не получив спасения, их дух будет заключен в Нижнюю могилу, тогда как их тела превратятся в горсть праха на этой земле. Но в день Последнего Суда духи из Нижней могилы облекутся в подобающие тела, чтобы предстать перед Судом.

И еще там говорится: «...и смерть и ад отдали мертвых, которые были в них». Это означает, что обитатели Нижней могилы, обреченные на вечную смерть из-за своих грехов, предстанут перед Богом, чтобы их судили. До наступления суда Великого Белого Престола они будут получать различные наказания в Нижней могиле, в частности, их будут терзать насекомые или животные, или их будут пытать посланники ада.

После Великого Суда они окажутся либо в озере огненном, либо в озере серном (Откровение, 21:8). Боль, которую испытывают души в огненном озере, гораздо сильнее боли, которую они терпели в Нижней могиле. Они будут страдать и осолятся огнем, где *«ЧЕРВЬ ИХ НЕ УМИРАЕТ И ОГОНЬ НЕ УГАСАЕТ»* (От Марка, 9:47-49). Озеро, горящее серой, – это место, предназначенное для тех, кто совершал смертные грехи: хулил Духа Святого и препятствовал делам Святого Духа. Оно в семь раз горячее, чем огненное озеро.

Преисподняя

Самой глубокой частью территории тьмы является преисподняя, куда отправятся злые духи. После возвращения Господа на облаке спасенные дети Божьи будут участвовать в Семилетнем Брачном Пире на воздухе. В тот же самый период на земле наступит время скорби. Злые духи, которые в воздухе, сойдя на землю, захватят власть. Мир будет уничтожен Третьей мировой войной, и величайшие трагедии, словно это происходит в аду, будут на земле. По окончании Семилетия великой скорби злые духи будут заключены в преисподнюю, и на земле начнется Тысячелетнее Царство.

Дети Божьи, завершив Семилетний Брачный Пир в воздухе, сойдут на эту землю с Господом и будут царствовать с Ним тысячу лет (Откровение, 20:4). Земля, опустошенная Семилетием скорби, за это время будет полностью обновлена и станет прекрасной. К концу Тысячелетнего Царства, по провидению Божьему, злые духи будут еще раз ненадолго выпущены, но после Суда Великого Белого Престола они будут снова заключены в преисподнюю.

Пока не свершится Суд Великого Белого Престола, Нижней могилой управляют люцифер и ее посыльные; после же Суда Нижняя могила и ад будут под контролем только Божьей силы. Злых духов, словно мусор, выкинут в преисподнюю, где очень темно и холодно. Там они, словно прижатые к огромной скале, не смогут даже двинуться. Туда же будут брошены и падшие ангелы, у которых в знак проклятия и позора отберут крылья.

Звучит так, будто оказаться брошенным в преисподнюю менее страшно, чем переносить боль и наказания в аду, но это не так. Так же, как возрастает давление по мере погружения в воду, так все сильнее и сильнее становится напряжение плоти, когда ее опускают в ад. Преисподняя – это самая глубокая часть ада, и вся плотская энергия сконцентрируется в этом месте. Оказаться в преисподней – более страшное и болезненное наказание, чем пытки посланцев ада в Нижней могиле или страдания в озере огненном или озере, горящем серой.

Представьте, что вы замурованы в нечто вроде большого бетонного монолита и не в состоянии даже двинуться. Вы находитесь в сознании, но не можете ни дышать, ни глазом моргнуть. Вы – словно заживо погребенные. Оказавшись замурованными, вы будете терпеть невыносимую боль, отчаяние и давление, которое прижимает вас настолько, что, кажется, вы вот-вот будете раздавлены.

До того как люцифер совратилась, она была очень любима Богом, но за бунт против Бога она будет предана вечному проклятию. Бог не стал наказывать люцифер сразу же после того, как она взбунтовалась. Она была лишь обычным творением, и Бог мог бы уничтожить ее немедленно, но Он не поступил так, и для этого была причина.

Причина в том, что мы становимся истинными детьми Божьими благодаря тому, что есть люцифер, которая правит тьмой в ходе взращивания человечества. В то время как враг дьявол ходит, как рыкающий лев, ища, кого поглотить, мы, бодрствуя и молясь, можем измениться, став детьми света, которые уподобились Богу. Бог желает разделить вечное счастье со Своими детьми света в Новом Иерусалиме, который является пространством света. А какие качества позволят нам войти в это пространство света?

Глава 2.
Качества, необходимые для того, чтобы войти в пространство света

Свет и тьма не могут сосуществовать.
На пути в пространство света мы должны решить проблему тьмы.
Чем больше мы общаемся с Богом,
Кто есть Свет, и обретаем сходство с сердцем Иисуса Христа,
тем ярче пространство, в которое мы войдем.

Дети Света желанны для Бога

Быть благим на деле, имея сердце Духа

Принести плод праведности с верой

Принести плоды верности своими поступками

Плод Света ведет нас в пространство света

После того как завершится земная жизнь, людям придется обитать либо в пространстве света, либо на территории тьмы. Так как дух человека не может исчезнуть, то ему придется пойти либо на Небеса, либо в ад.

Относительно этого в Послании к Евреям, 9:27, говорится: *«И как человекам положено однажды умереть, а потом суд»*... И в Евангелии от Иоанна, 5:29, написано: *«И изыдут творившие добро в воскресение жизни, а делавшие зло – в воскресение осуждения»*. Окончание земной жизни – это еще не конец. Есть жизнь будущая, вечная, и после завершения физической жизни на этой земле есть только две альтернативы: либо взойти на Небеса, либо отправиться в ад.

Бог Любви желает, чтобы каждый из нас получил спасение и наслаждался счастьем на территории света. В Первом послании Петра, 2:9, говорится: *«Но вы – род избранный, царственное священство, народ святой, люди, взятые в удел, дабы возвещать совершенства Призвавшего вас из тьмы в чудный Свой свет»*.

Давайте проверим, сможем ли мы войти в Его чарующее

пространство света в качестве царственного священства.

Дети Света желанны для Бога

Апостол Павел говорит о Боге следующее: *«[Бог] единый имеющий бессмертие, Который обитает в неприступном свете, Которого никто из человеков не видел и видеть не может. Ему честь и держава вечная! Аминь»* (1-е посл. к Тимофею, 6:16). Итак, Бог обитает во свете, Он вечный и совершенный. В Первом послании Иоанна, 1:5, написано: *«И вот благовестие, которое мы слышали от Него и возвещаем вам: Бог есть свет, и нет в Нем никакой тьмы».*

В Послании Иакова, 1:17, также сказано: *«.. у Которого [у Бога] нет изменения и ни тени перемены».* Бог есть Свет, у Которого нет даже тени. По этой причине Библия многократно говорит нам, что мы также должны стать людьми света и уподобиться Богу.

В Первом послании к Фессалоникийцам, 5:5, мы читаем: *«Ибо все вы – сыны света и сыны дня: мы – не [сыны] ночи, ни тьмы»;* а в Послании к Ефесянам, 5:8-9, написано: *«Вы были некогда тьма, а теперь – свет в Господе: поступайте, как чада света, потому что плод Духа состоит во всякой благости, праведности и истине».* В Евангелии от Матфея, 5:14-16, есть такие строки: *«Вы – свет мира. Не может укрыться город, стоящий на верху горы. И, зажегши свечу, не ставят ее под сосудом, но на* подсвечнике, и светит всем в доме. *Так да светит свет ваш пред людьми, чтобы они видели ваши добрые дела и прославляли Отца вашего Небесного».*

Свет и тьма не могут сосуществовать. Чтобы войти в пространство света, мы должны покончить с проблемой тьмы.

Итак, что же есть тьма, от которой мы должны избавиться, чтобы стать детьми света? Проще говоря, тьма – воплощение всего, что относится ко греху. Это плотские помышления и дела плоти, подробное объяснение которым дано в первом томе книги *«Дух, Душа и Тело»*.

Дела плоти – это грехи, совершенные на деле, а плотские помышления – это греховные желания и мысли. Например, нечистота, жадность, злоба и зависть – все это проявления неправедности, о которой говорится в 1-й главе Послания к Римлянам. Кроме того, согласно 5-й главе Послания к Галатам, делами плоти являются: прелюбодеяние, блуд, нечистота, непотребство, идолослужение, волшебство, вражда, ссоры, зависть, гнев, распри, разногласия (соблазны), ереси, ненависть, убийства, пьянство, бесчинство и тому подобное.

Есть такие вещи, которые не выглядят тьмой для нас, но они – зло в очах Божьих. Как тьма не может устоять перед светом, так греху и злу, которые принадлежат тьме, не скрыться, когда на них изливаются свет и истина. С помощью Слова Божьего, которое является светом, мы можем осознать ту тьму, о которой мы сами даже не имели понятия.

Например, Иисус объяснил, что вскоре Он должен будет умереть в Иерусалиме, а Петр попытался остановить Иисуса, потому что любил Его. Тогда Иисус, укоряя Петра, сказал: *«Отойди от Меня, сатана!»* (От Матфея, 16:23).

Петр думал, что его долг – остановить Иисуса, но в очах Бога это было проявлением тьмы. Воля Божья была в том, чтобы Иисус был распят, и путь к спасению был открыт. Благодаря этому упреку Петр стал смиренным апостолом, который воскрешал из мертвых; и за один только день он, после того как получил в дар Святого Духа, привел к покаянию тысячи людей.

Как уже было сказано, каждый, кто хочет быть на территории света, должен выйти из мира тьмы и поступать как чадо света. Давайте рассмотрим более конкретно, что же именно мы должны делать.

Быть благим на деле, имея сердце Духа

Чтобы войти в пространство света, мы, во-первых, должны покаяться в грехе неверия Богу и принять Иисуса Христа. Те, кто получают прощение грехов, поверив в Иисуса Христа, смогут войти в пространство света. В Послании к Римлянам, 3:22, говорится: *«Правда Божия через веру в Иисуса Христа во всех и на всех верующих, ибо нет различия»*.

И, кроме того, в Евангелии от Иоанна, 14:6, написано: *«Иисус сказал ему: Я есмь путь и истина и жизнь; никто не приходит к Отцу, как только через Меня»*. А Послание к Римлянам, 10:9, говорит: *«Ибо если устами твоими будешь исповедовать Иисуса Господом и сердцем твоим веровать, что Бог воскресил Его из мертвых, то спасешься».*

Если мы исповедуем своими устами Иисуса как Господа и верим в своем сердце, что Бог воскресил Его из мертвых, то это означает, что мы верим в провидение креста и силу воскресения. То есть мы верим в то, что Иисус умер на кресте вместо нас, грешников, которых грех обрек на вечное наказание, и в то, что Он пролил Свою драгоценную Кровь, чтобы искупить нас от всех грехов.

Если мы действительно в это верим, то покаемся во всех своих грехах с благодарностью к Господу, Который страдал за нас, и примем решение жить во свете. Бог смывает грехи у таких людей Кровью Господа и дает им в дар Святого Духа. Бог признает их Своими детьми и запишет их имена в Книгу жизни (Откровение, 20:15; 21:27). Мы сможем наслаждаться вечной жизнью на Небесах, которые являются пространством света, если признаемся в том, что не жили по Слову Божьему, отвратимся от грехов и будем ходить во свете.

Иметь общение с Богом, Кто есть Свет

В 1-м послании Иоанна, 1:6-7, говорится: *«Если мы*

говорим, что имеем общение с Ним, а ходим во тьме, то мы лжём и не поступаем по истине; если же ходим во свете, подобно как Он во свете, то имеем общение друг с другом, и Кровь Иисуса Христа, Сына Его, очищает нас от всякого греха». Как только мы принимаем Иисуса Христа и получаем в дар Святого Духа, мы должны познавать и применять на практике Слово Божье, которое является истиной, и тогда мы станем детьми Божьими и будем иметь общение с Богом.

В Первом послании Иоанна, 2:3, говорится: *«А что мы познали Его, узнаем из того, что соблюдаем Его заповеди».* И здесь же, в 1-м послании Иоанна, 3:23, говорится: *«А заповедь Его та, чтобы мы веровали во имя Сына Его Иисуса Христа и любили друг друга, как Он заповедал нам».*

Мы должны избавляться не только от грехов, совершаемых на деле, но и от зла в нашем сердце, повинуясь Слову Божьему, которое указывает нам на то, что не следует делать и от чего нужно отстраняться. И, кроме того, следует старательно исполнять Слово Божье, которое говорит нам радоваться, благодарить, любить, смирять себя, служить другим и соблюдать заповеди. Следуя этим наставлениям, благодаря милости и силе Божьей и помощи Святого Духа, мы сможем возделать в себе сердце Господа.

Наше Небесное место обитания будет зависеть от уровня освящённости, которого мы достигли, и яркости света, который мы излучаем, став духовно благими людьми и общаясь с Богом, Кто есть Свет. Так что, хотя мы получили спасение и пробрели качества, дающие нам право войти в пространство света, мы должны силою брать Царство Небесное до тех пор, пока ни достигнем высшей цели – Нового Иерусалима.

Есть определенные параметры, по которым можно проверить, в какой мере мы стали детьми света. Таковыми являются духовная любовь, описанная в 13-й главе 1-го послания к Коринфянам; Девять плодов Святого Духа – из Послания к Галатам, 5; Заповеди блаженства – из Матфея, 5, и плоды Света – из Послания к Ефесянам, 5. Итак, сфокусировавшись на плодах Света, давайте рассмотрим качества, требуемые для того, чтобы войти в пространство света.

Проявляйте благость на деле с сердцем, полным Духа

В Послании к Ефесянам, 5:9, говорится, что *«плод Духа состоит во всякой благости, праведности и истине»*.

Проявлять благость – значит обладать прекрасным сердцем, в котором нет зла, но есть добро. Вы делаете добро тем, кто в этом нуждается; вы никому не наносите вреда; вы послушны Слову Божьему и стараетесь каждое порученное вам дело выполнить на пределе своих возможностей, ибо вы так познали благодать Бога Творца, как будто получили ее от собственных родителей.

Мирские люди сочтут вас хорошими, если вы не отвечаете злом на зло и проявляете терпение. Но если вы при этом испытываете дискомфорт или ненависть, можно ли при этом считать вас действительно хорошими? Благость людей и благость Бога – понятия весьма различные. Быть на первом уровне благости, признаваемой Богом, – это значит вовсе не испытывать никаких неприятных чувств, а не только не отвечать злом на зло.

Примером этому является Иосиф, муж Девы Марии. В Евангелии от Матфея, 1:19, говорится: *«Иосиф же, муж Ее, будучи праведен и не желая огласить Ее, хотел тайно отпустить Ее»*. Каким же несчастным должен был чувствовать себя Иосиф, узнав, что его невеста Мария была беременна, хотя между ними не было близости? Обычно, люди очень глубоко страдают или начинают ругать женщину. Но у Иосифа не было зла в сердце, поэтому он просто, без огласки, хотел отпустить ее.

Второй уровень благости – это когда человек делает вам зло, а у вас не только нет враждебных чувств к нему, но вы еще способны добрыми словами и делами изменить его сердце. Враг, дьявол и сатана, совершенно бессилен против человека, достигшего такого уровня благости.

Несмотря на то, что Давид ничем не провинился, его долгое время преследовал царь Саул. И как-то Давиду представилась идеальная возможность убить Саула. Давид участвовал в сражениях за свою страну и одерживал победы, но Саул вместо благодарности завидовал ему. Со своим войском он преследовал Давида и пытался его убить.

Однажды Саул вошел в пещеру, в которой прятался Давид. Давид мог убить его, но он лишь отрезал край одежды Саула. Позже, когда Саул вышел из пещеры, Давид окликнул Саула и сказал: *«Отец мой! посмотри на край одежды твоей в руке моей; я отрезал край одежды твоей, а тебя не убил: узнай и убедись, что нет в руке моей зла, ни коварства и я не согрешил против тебя; а ты ищешь души моей, чтоб отнять ее»* (1-я кн. Царств, 24:12).

Давид позвал Саула, который преследовал его, чтобы убить. Давид с подлинным смирением обратился к Саулу: «Отец мой!». Он действительно хотел успокоить сердце Саула, говоря, что он лишь как пес или блоха перед Саулом и у него нет намерения убивать Саула. Саул был нечестив, но, услышав такое признание благого сердца, он был растроган и прослезился. В 1-й книге Царств, 24: 17-18, об этом говорится: *«...твой ли это голос, сын мой Давид? И возвысил Саул голос свой, и плакал, и сказал Давиду: ты правее меня, ибо ты воздал мне добром, а я воздавал тебе злом»*.

Саул был растроган и, отступив, возвратился домой. Если мы отвечаем добром на зло, то это лишает сатану возможности взяться за дело, и тогда даже порочные люди могут измениться. Конечно же Саул был настолько нечестив, что позже зло вновь проявилось в нем, но, по крайней мере, в тот момент свет благости Давида рассеял тьму Саула и остановил его.

Однако есть более высокий уровень благости, чем тот, когда мы трогаем сердца других людей. Это когда мы любим своих врагов и готовы отдать свою жизнь даже за тех, кто совершает против нас злодеяния. Такова праведность Бога, пославшего на землю Своего Единородного Сына, и такова благость Самого Иисуса Христа. Он, непорочный Сын Божий, пожертвовал Своей жизнью ради всего человечества.

Присутствие такого же уровня благости можно ощутить через Моисея и Павла. Когда Бог был готов уничтожить всех сынов Израильских за совершенные ими грехи, Моисей молился, прося об их спасении, даже если за это пришлось бы изгладить его имя из Книги жизни (Исход, 32:32). Апостол Павел сказал: *«Я желал бы сам быть отлученным от Христа за братьев моих, родных мне по плоти»* (Посл. к Римлянам, 9:3).

Стефан был мучеником, которого забили камнями, когда он проповедовал Евангелие. Он, безвинный, не держал никакого зла против тех, кто побивал его камнями. Более того, он воскликнул громким голосом: *«Господи! не вмени им греха сего»* (Деяния, 7:60).

В наши дни считается, что относиться к людям честно и по-доброму глупо, потому что от этого одни убытки. Но Бог – сама Благость, и когда вы следуете принципам благости, Он защищает вас Своим пламенным оком, стеной огня Святого Духа, небесным воинством и ангелами. Это приносит большие благословения и процветание во всем.

Конечно же иногда ради благости приходится жертвовать собой и прикладывать определенные усилия. Но людям благим это не трудно. Им, скорее, в радость совершать на деле благие дела. Духовная сила означает отсутствие греха, и наш духовный свет становится сильнее по мере того, как мы избавляемся от грехов и культивируем благость. Как только мы дойдем до уровня благости, которую признаёт Бог, зло не сможет прикоснуться к нам из-за нашего света, и мы сможем разрушать козни врага, дьявола и сатаны (1-е посл. Иоанна, 5:18).

Принести плод праведности с верой

Вторым плодом Света является праведность. В целом, праведность – это жизнь, посвященная благому делу, когда человек при этом не ждет ничего для самого себя. Но быть праведным в истине – значит отвергнуть грехи, соблюдать заповеди, данные в Библии, и искать Божьего Царства, правды и праведности Его в соответствии с Его волей. И Даниил – один из лучших примеров выдающейся праведности.

Даниил принадлежал к царскому роду колена Иудина. Он был взят в плен в 605 году до нашей эры, когда Южное Иудейское царство завоевал вавилонский царь

Навуходоносор. Среди молодых талантливых пленников иной расы, вывезенных в Вавилон, были Даниил и три его друга. Долгое время Даниил занимал высокий пост в Вавилоне. Несмотря на то, что он был пленником, он занимал высокое положение в Вавилоне, а также получил признание как истинный пророк Божий. Это объясняется тем, что он полностью полагался на Бога и хранил свою веру.

Когда Даниил впервые предстал перед царем Вавилонским, он был юношей. И его должны были обучать в течение трех лет. Ему назначено было питаться яствами с царского стола. Но он боялся оскверниться пищей, запрещенной Богом, и отказался от нее. Казалось бы, у него, как у пленного, не было выбора, и все же он ненавидел и отвергал то, что было ненавистно Богу.

Для того чтобы сохранить свою веру в Бога и не осквернять себя, он попросил надзирателя позволить ему и трем его друзьям вместо царских яств питаться только овощами. Он предложил попробовать в течение десяти дней давать им есть только овощи и воду для питья. Через десять дней, когда надзиратели сравнили их с другими молодыми людьми, они заметили, что Даниил и три его друга выглядели лучше других юношей, которые питались с царского стола.

Бог, видя их веру, дал им удивительные благословения. В Книге пророка Даниила, 1:17, говорится: *«И даровал Бог четырем сим отрокам знание и разумение всякой книги и мудрости, а Даниилу еще даровал разуметь и всякие видения, и сны».* А в 20-м стихе написано: *«И во всяком деле мудрого уразумения, о чем ни спрашивал их царь, он находил их в десять раз выше всех тайноведцев и волхвов, какие были во всем царстве его».*

Вавилон был разрушен мидийцами и персами в 539 году до н.э. во время правления Валтасара, сына царя Навуходоносора. На смену Вавилону пришло новое государство – Персидская империя. Персидский царь Дарий хотел назначить Даниила правителем всей страны, так как Даниил обладал необыкновенно высоким духом. На смену одним государствам и царям приходили другие, а Даниил, который был пленником, продолжал пользоваться их благосклонностью.

Другие правители и начальники завидовали ему и пытались найти предлог обвинить его в чем-нибудь (Кн. пророка Даниила, 6:4-5). Не сумев найти за ним никакой вины, они предложили царю принять указ. Претворяясь, будто делают это в поддержку царя, они предложили бросить в львиный ров каждого, кто в течение тридцати дней будет о чем-то молить или просить какого-либо бога или человека, а не самого царя. Они специально подстроили ловушку для Даниила, зная, что он молится три раза в день, открыв окна в сторону Иерусалима.

Зная о постановлении, Даниил все равно молился, преклонив колени, три раза в день (Кн. пророка Даниила, 6:10). Чтобы сохранить свою славу и власть, да и просто избежать смерти, он мог бы пойти на компромисс, но предпочел полностью положиться на Бога. В конечном итоге, Даниил за нарушение царского постановления был брошен в ров со львами, но у него не было никакой обиды на царя. Наоборот, он благословил царя, сказав: «Царь, вовеки живи!». Несмотря на сложность ситуации, он поступил праведно.

В нем не было никакой вины ни пред Богом, ни перед людьми, поэтому враг, дьявол и сатана, не мог навредить ему своими кознями. Бог послал Своего ангела защитить его. Он был поднят из рва живым и воздал славу Богу. Бог желает, чтобы мы были настолько праведными, что смогли бы сохранить веру даже перед лицом смерти и не идти на компромисс; чтобы мы придерживались благости и истины независимо от того, как другие поступают по отношению к нам.

Принести плоды верности своими поступками

Третий плод Света – это верность. Быть верным – значит быть постоянным. Это также означает быть чистым, честным и непорочным, не иметь хитрости, коварства или лукавства. Даже если вы старательно подкрепляете свою веру добрыми поступками, Бог не сочтет это истинным плодом Света, если вы делаете это, выставляя себя напоказ перед другими. Иначе говоря, Бог ждет от нас истинного исповедания веры, истинных поступков и постоянства, которое исходит из сердца.

В 22-й главе Бытия можно прочесть о том, как Авраам

покорился Слову Божьему, когда Бог сказал ему принести во всесожжение своего единственного сына, Исаака. Ранним утром он собрался с Исааком в дорогу и пошел туда, куда ему повелел Бог. Его ничто не смущало. В душе его не было конфликта, так как он не применял собственных мыслей. В тот момент, когда он готов был принести в жертву Исаака, ангел Божий предстал перед ним и велел ему не поднимать руки на отрока. Бог сказал: «...*теперь Я знаю, что боишься ты Бога*» (Бытие, 22:12).

В Послании к Евреям, 11:19, говорится: «*Ибо он думал, что Бог силен и из мертвых воскресить, почему и получил его в предзнаменование*». Авраам родил своего сына Исаака, благодаря силе Божьей, хотя Сарра была уже в таком возрасте, когда зачать и родить ребенка было уже невозможно. Поэтому он верил, что Бог воскресит Исаака после того, как он принесет его во всесожжение. Этот эпизод показывает нам, насколько прочным было доверие между Богом и Авраамом.

Верность Авраама подтверждается многими событиями. Когда он прибыл в Вефиль со своим племянником Лотом, поголовье их стада возросло до такой степени, что между пастухами стали часто возникать ссоры. Тогда Авраам уступил своему племяннику, сказав: «*Не вся ли земля пред тобою? отделись же от меня: если ты налево, то я направо; а если ты направо, то я налево*» (Бытие, 13:9).

Преследуя собственную выгоду, Лот двинулся в сторону Иордана, в окрестностях которого было достаточно воды, и дошел до Содома. Но город Содом был атакован, и многих взяли в плен. Как только Авраам услышал эту новость, он вооружил своих рабов и вызволил Лота и жителей Содома. Царь Содомский предложил ему имение, но он от всего отказался (Бытие, 14:15-23).

Когда Содом и Гоморра были разрушены огнем с неба, Лот и две его дочери были спасены благодаря молитвам Авраама (Бытие,18). И еще пример: Авраам хотел купить место, чтобы похоронить свою жену Сарру, а сыны Хета предлагали просто похоронить умершую на их земле, но Авраам честно заплатил за пещеру Махпела и прилегающую к ней землю (Бытие, 23:16). У него было много детей от второй жены, и при жизни он отдал каждому его часть, чтобы потом они не конфликтовали. Все это показывает нам, каким верным был Авраам.

В Послании Иакова, 2:23-24, говорится: *«И исполнилось слово Писания: „веровал Авраам Богу, и это вменилось ему в праведность, и он наречен другом Божиим". Видите ли, что человек оправдывается делами, а не верою только?»* Бог есть сама Верность, и Он благословил Авраама за его дела веры. Авраам, будучи другом Бога, находится вблизи Престола Божьего, в самом ярком пространстве света.

Плод Света ведет нас в пространство света

Чтобы добрые дела можно было считать плодом Света, они

должны быть исполнены праведности, а именно праведности Божьей. Но обладание благостью и праведностью – это еще не все. В людях должна быть верность. Поэтому плод Света мы можем принести только тогда, когда в нас есть все: и благость, и праведность, и верность.

Итак, для того чтобы мы принесли полноценный плод Духа, нам нужно пройти через определенный процесс: выйти из тьмы и через обличения войти в Свет. В Послании к Ефесянам, 5:11-13, говорится: *«И не участвуйте в бесплодных делах тьмы, но и обличайте. Ибо о том, что они делают тайно, стыдно и говорить. Все же обнаруживаемое делается явным от света, ибо все, делающееся явным, свет есть».*

В этом случае, обличать – значит не только указывать на ошибки. Обличать – значит способствовать тому, чтобы человек перешел из тьмы в свет. Иногда, когда члены церкви попадают из-за собственных грехов в тяжелое положение, вместо того чтобы утешать их, я даю им понять, почему они сталкиваются с такими искушениями и испытаниями. Я обличаю их в том, что они не живут в истине. Но даже если нас никто не обличает, когда мы делаем что-то предосудительное, очень важно обличать себя самому, согласно Слову Божьему.

Бог выявляет и указывает нам все наши грехи и тьму, потому что Он любит нас. Бог Любви хочет, чтобы Его дети обитали в совершенном свете Божьем, чтобы они получали благословения на этой земле и в будущем обитали в пространстве света, в вечном Царстве Небесном. А для этого мы должны отказаться от всего, что имеет отношение к тьме, и культивировать святость и совершенство, чтобы обрести сходство с Богом, Кто есть Свет (От Матфея, 5:48; 1-е посл. Петра, 1:16).

Со времени встречи с Господом по дороге в Дамаск, апостол Павел покорился Христу и донес Благую Весть до бесчисленного количества язычников. Он сказал: *«Я каждый день умираю: свидетельствуюсь в том похвалою вашею, братия, которую я имею во Христе Иисусе, Господе нашем»* (1-е посл. к Коринфянам, 15:31).

Если мы полностью отвергнем плотские мысли, которые враждебны Богу, будем каждый день умирать в Господе и иметь только духовные мысли, к примеру, такие: «Как мне найти Царство Небесное, правду и праведность Его? Как мне сделать свое сердце полностью освященным? Как мне привести больше душ на Небеса?» – тогда мы сможем наслаждаться истинным миром и принести щедрые плоды Света.

Плод Света – это не только благость, праведность и верность, но и все другие плоды, которые мы приносим от общения с Богом и имея сердце Иисуса Христа. Это – духовная любовь, плоды, перечисленные в Заповедях блаженства, а также плоды Святого Духа. Мы должны взрастить в себе все эти плоды полностью, чтобы войти в

Новый Иерусалим. Мы не будем соответствовать критериям, обязательным для вхождения в Новый Иерусалим, если некоторые из них полностью созреют, а другие еще нет. Я надеюсь, что все вы будете усердно применять на деле Слово Божье и обретете качества, необходимые для того, чтобы войти в самую яркую часть пространства света.

Дух, Душа и Тело II

Часть 2

Дух, Душа и Тело в духовном пространстве

Критерии разделения мест обитания на Небесах

Слава, данная в Небесном пространстве

> «Говорю вам тайну: не все мы умрем, но все изменимся вдруг, во мгновение ока, при последней трубе; ибо вострубит, и мертвые воскреснут нетленными, а мы изменимся. Ибо тленному сему надлежит облечься в нетление, и смертному сему облечься в бессмертие»
> - 1-е послание к Коринфянам, 15:51-53

Глава 1.
Различные обители

Различие Небесных обителей, которые мы получим, будет зависеть от того, насколько каждый человек уподобился Богу и жил по Его воле.
В Небесном Царстве есть разные места обитания.
Чем лучше Небесная обитель,
тем большим почетом и счастьем мы сможем там наслаждаться.

На Небесах есть множество обителей

Царство Небесное силою берется

Почему Небеса были поделены на разные обители

Рай – место обитания для тех, кто едва спасен

Новый Иерусалим – место обитания людей полного духа

Люди склонны верить только тому, в чем могут убедиться, увидев это собственными глазами. Но есть множество вещей, невидимых нашему глазу. Например, ветер и аромат цветов. Хотя мы их и не видим, они реально существуют. Есть также и духовный мир, который находится на более высоком уровне измерения, чем этот видимый физический мир. Было бы ошибкой отрицать существование духовного мира только на том основании, что он невидим.

Царство Небесное расположено на третьих небесах бескрайнего духовного пространства. Третьи небеса – это необъятное пространство света, но в нем есть различные места обитания – от Рая до Нового Иерусалима. Различие Небесных обителей, предназначенных для тех, кто спасен, будет определяться тем, насколько каждый человек был освященным и насколько он жил в вере согласно воле Божьей. На Небесах мы обретем различную славу, в соответствии с тем, насколько в этой жизни мы стали людьми, угодными Богу.

Вот почему в 1-м послании к Коринфянам, 15:40-41, мы читаем: *«Есть тела небесные и тела земные; но иная* слава небесных, иная земных. Иная слава солнца, иная слава луны, иная звезд; и звезда от звезды разнится в славе».

Индивидуальная слава на Небесах

Одной из изначальных сущностей Бога является святость. Библия часто говорит о святости, потому что Бог хочет, чтобы люди, созданные по Его образу, обрели святость Бога. В Книге Левит, 20:26, говорится: *«Будьте предо Мною святы, ибо Я свят ГОСПОДЬ, и Я отделил вас от народов, чтобы вы были Мои»*. И в 1-м послании Петра, 1:16, сказано: *«Ибо написано: „будьте святы, потому что Я свят"»*.

Таким образом, те, кто живут по воле святого Бога, принадлежат Небесам. Они будут наслаждаться небесной славой в Царстве Небесном. А с другой стороны, те, кто живут в грехах и зле, что враждебно воле Божьей, принадлежат этой земле и, соответственно, отправятся в ад.

Люди, принадлежащие земле, это не только те, кто не принимают Иисуса Христа и не верят в Бога. В Евангелии от Матфея, 7:21, написано: *«Не всякий, говорящий Мне: „Господи! Господи!", войдет в Царство Небесное, но исполняющий волю Отца Моего Небесного»*. Даже если они и говорят: «Господи! Господи!» – и утверждают, что верят в Него, они все равно принадлежат этой земле, если не исполняют волю Божью.

Как же необходимо действовать, чтобы войти в Царство Небесное и наслаждаться славой солнца, как человек, который принадлежит Небесам? Из Послания к Евреям, 12:4, мы узнаем, что во время нашей земной жизни мы должны сражаться против греха до крови. Кроме того, в 1-м послании к Фессалоникийцам, 5:22, говорится, что нам следует удерживаться от всякого рода зла и исполниться Духом. Так же, как отличаются друг от друга свет солнца, свет луны и свет звезд, так и у людей, принадлежащих Небесам, будет разная слава.

В Книге пророка Исаии, 60:1, говорится: *«Восстань, светись, [Иерусалим], ибо пришел свет твой, и слава ГОСПОДНЯ взошла над тобою»*. После того как мы приняли Иисуса Христа, Который пришел как Свет миру, мы начинаем излучать духовный свет по мере того, как поступаем по Слову Божьему. Как граждане Небес, мы должны излучать свет такой же яркости, как солнце в полдень, чтобы изгонять силы тьмы, приводить души на путь спасения и воздавать славу Богу.

На Небесах есть множество обителей

Прямо перед Своей смертью Иисус и Его ученики собрались на пасхальный ужин. На последней вечере Он напомнил им о существовании Царства Небесного, чтобы они обрели надежду.

В Евангелии от Иоанна, 14:2-3, Иисус сказал: *«В доме*

Отца Моего обителей много. А если бы не так, Я сказал бы вам:"Я иду приготовить место вам. И когда пойду и приготовлю вам место, приду опять и возьму вас к Себе, чтобы и вы были, где Я"».

Иисус воскрес на третий день после распятия и вознесся на Небеса пред взором многих людей. Он ушел, чтобы приготовить обители на Небесах, в которых дети Божьи будут жить вечно. Когда Он сказал: *«В доме Отца Моего обителей много»,* Он тем самым выразил желание, чтобы все люди спаслись (1-е посл. к Тимофею, 2:4).

Небеса – это духовное пространство, сотворенное Богом Троицей прежде сотворения Земли. Это безграничное пространство, глубину, ширину, плотность и объем которого невозможно охватить человеческим разумом. Там находятся Престол Божий, бесчисленное количество духовных существ и дома, в которых дети Божьи будут жить вечно. А в центре Царства Небесного – Новый Иерусалим, самое прекрасное место обитания на Небесах.

Духовный свет, который исходит от Престола Божьего, и река жизни дают детям Божьим еще большее ощущение счастья и почитания. Бог даст каждому из нас достойную обитель и вознаградит нас согласно нашей вере и тому, как мы прославили Бога на этой земле.

Город Новый Иерусалим расположен в верхней части третьих небес, а ниже Нового Иерусалима – Третье, Второе и Первое царства Небесные и Рай. Однако это не означает, что они расположены друг над другом, подобно этажам зданий, которые строятся на этой земле. Все обители на Небесах расположены горизонтально, но по вертикали – они разной высоты.

Царство Небесное силою берется

В Евангелии от Матфея, 11:12, говорится: *«От дней же Иоанна Крестителя доныне Царство Небесное силою берется, и употребляющие усилие восхищают его»*. Небеса – это красивое и мирное место, почему же тут написано, что они силою берутся и что взять их может только человек, применяющий усилия?

Это означает, что тот, кто больше надеется на Царство Небесное, будет проявлять большее усердие в своей жизни в вере и постарается войти в город Новый Иерусалим. Под выражением «Царство Небесное силою берется» подразумевается жить, проявляя усердие.

Итак, против кого же нужно проявлять силу? Силу нужно проявлять против врага, дьявола и сатаны, который подстрекает людей к совершению грехов. Для того чтобы оказаться на Небесах, мы должны бороться с тьмой и победить ее. Подталкивая людей к падению, сатана стимулирует их греховную природу, заставляя совершить грех. А те, кто действительно ищут Царства Небесного, победят врага Словом Божьим.

Успех наших стараний взять Новый Иерусалим силою будет определяться тем, насколько мы стали детьми Божьими, освящаясь Словом Божьим и молитвой (1-е посл. к Тимофею, 4:5). Из 2-го послания к Коринфянам, 12:1 и далее, мы узнаем, что апостол Павел был в Раю, который расположен на третьих небесах, и познал великие тайны Царства Небесного. С того времени он до последнего, пока не стал мучеником, совершал добрые подвиги. Он силою взял Новый Иерусалим, взирая на венец праведности, который Бог приготовил для него.

В Книге Откровения, 19:7-8, мы читаем: *«Возрадуемся и возвеселимся и воздадим Ему славу; ибо наступил брак Агнца, и жена Его приготовила себя. И дано было ей облечься в виссон чистый и светлый; виссон же есть праведность святых»*; и в Книге же Откровения, 22:14, написано: *«Блаженны те, которые соблюдают заповеди Его, чтобы иметь им право на древо жизни и войти в город воротами»*.

В первом отрывке слова «облечься в виссон» указывают на сердца и поступки людей. И мы сможем войти в святой город воротами, только если очистим свои сердца и поступки. Так как слово «воротами» использовано во множественном числе, то мы понимаем, что там есть много ворот. Для того чтобы мы вошли в Новый Иерусалим, прежде всего мы должны пройти через ворота спасения и соответствовать критериям вхождения в Рай. Затем мы должны пройти через ворота Первых, Вторых и Третьих царств Небесных. И, наконец, мы должны пройти сквозь жемчужные ворота города Нового Иерусалима.

Вот почему в этом отрывке сказано «воротами», из чего мы узнаем, что не все спасенные обретут одинаковую славу на Небесах. Мы должны быть особо благодарны за знания о Царстве Небесном и постараться взять силою лучшие места обитания.

Почему Небеса были поделены на разные обители

Духовный свет тех, кто принял Иисуса Христа, но не сделал обрезание сердца, то есть не отвратился от зла, очень тусклый. Мощный духовный свет излучают люди, которые избавились от всех форм зла и стали освященными. Чем более решительно верующие живут по Слову Божьему и избавляются от грехов, тем ярче и красивее излучаемый ими свет. Люди, ставшие полностью освященными, обладают таким ярким светом, что неосвященные смотреть на них открыто не могут.

Если задуматься, то здравый смысл подскажет, что людям с сильным духовным светом будет трудно жить вместе с людьми, у которых духовный свет тусклый. Даже на этой земле детям приятнее общаться с детьми, подросткам с подростками, взрослым со своими ровесниками. Дети и взрослые не могут по-настоящему стать друзьями, потому что мир, в котором они живут, их умственное развитие и способность размышлять существенно отличаются.

Так и люди, излучающие одинаковый духовный свет, будут жить вместе. Что, если в вечном Царстве Небесном все бы жили в одном и том же пространстве? Ставшие освященными будут понимать сердца друг друга и не будут создавать друг другу неудобства. А кто не стал освященным, не сможет понять их. Бог разделил места обитания, чтобы людям с одинаковой степенью яркости духовного света было комфортно жить вместе.

В Книге Откровения, 21:23, говорится: *«И город не имеет нужды ни в солнце, ни в луне для освещения своего, ибо слава Божия осветила его, и светильник его – Агнец»*. Среди разных мест обитания на Небесах город Новый Иерусалим является местом для тех, кто достиг апогея во время взращивания человечества, запланированного Богом. Это то место, где Бог может вечно разделять любовь со Своими детьми. Бог приготовил Третье, Второе и Первое царства Небесные, а также Рай для тех, кто не до конца возделал свое сердце в истине и не приобрел качества, необходимые для того, чтобы войти в Новый Иерусалим.

А теперь давайте глубже рассмотрим характеристики каждого из мест обитания – от Рая и до Нового Иерусалима. Мы также рассмотрим, какого типа люди войдут в каждое их этих мест.

Рай – место обитания для тех, кто едва спасен

Бог послал Иисуса на эту землю ради нас, грешников, шедших по пути, который вел к смерти. Иисус искупил нас от всех наших грехов через Свое распятие. Если мы верим в то, что Иисус – единственный путь к спасению и принимаем Его как своего Спасителя, то Бог дарует нам Святого Духа. Как только мы получаем в дар Святого Духа, возрождается наш дух, ставший мертвым из-за грехопадения Адама, и мы получаем право называть Бога Отцом. Это означает, что мы стали детьми Божьими, наши имена записываются в Книгу жизни и мы становимся гражданами Царства Небесного.

Но если мы не станем применять на практике Слово Божье и не избавимся от грехов, наш мертвый дух, возродившись, не будет возрастать. Наш дух возрастает по мере того, как мы удаляемся от грехов. Мы можем войти в Новый Иерусалим, только окончательно восстановив утерянный образ Божий и полностью взрастив свой дух. Если наш дух не возрастает, если наша вера размером с горчичное зерно и мы едва получаем спасение, мы будем обитать в Раю. В соответствии с уровнями веры, такая вера равна первому уровню. Первый уровень веры это уровень, при котором мы едва получаем спасение.

Рай – это место, которое Бог создал из любви и милости. Бог подготовил его для людей, которые спасены, но не достойны зваться детьми Божьими. Их как-то стыдно называть Божьими детьми, но в то же время отправить их в ад Бог тоже не может. Но на самом деле в Раю будет намного больше верующих, чем в других Небесных обителях. Это место даже обширнее пространства первых небес. Люди, живущие в Раю, будут жить в вечности с чувством благодарности и счастья за то, что они не отправились в ад, но были спасены.

Хотя это и самая низшая Небесная обитель, тем не менее, на земле нет такого места, которое можно было бы сравнить с ее красотой и великолепием. Это – совершенная гармония огромной равнины, полной прекрасных цветов и зелени деревьев, а также бродящих по ней самых разнообразных животных, каждое из которых имеет привлекательный вид.

На этой земле деревья и цветы со временем увядают и погибают. А в Раю деревья всегда зеленые и цветы никогда не вянут. Как только люди подходят к ним, цветы, словно приветствуя людей, начинают раскачиваться в разные стороны или раскрывать и закрывать бутоны, издавая неповторимое изумительное благоухание. Там очень много всевозможных фруктов. Они немного крупнее тех, что на этой земле, и излучают сияние. Люди могут есть их прямо с дерева, потому что там нет ни пыли, ни насекомых.

Можно есть фрукты, сидя на газоне и дружески беседуя. Эти люди во время своей земной жизни ничего не сделали для Царства Божьего, поэтому они не получили никаких наград на Небесах. Но они очень счастливы потому, что в Раю нет никакой скорби, болезни, боли или смерти. В исключительных случаях и при особых обстоятельствах некоторые из них могут быть приглашены на мероприятия, проводимые в Новом Иерусалиме.

Однако между обитателями Нового Иерусалима и Рая существует настолько большая разница в уровне света, что те, кто живут в Раю, стесняются идти туда и обычно не принимают приглашения. Но если они все же идут, им приходится следовать определенному порядку и ограничениям во времени. Они будут счастливы возможности посетить славный город Новый Иерусалим и рады, после возвращения в Рай, поделиться тем, что довелось увидеть и почувствовать в Новом Иерусалиме.

Нам не следует недооценивать красоту и счастье, царящие в Раю, только на том основании, что Рай – это самая низшая обитель на Небесах. Хотя Рай – место для тех, кто едва получил спасение, он, тем не менее, по своей красоте не идет ни в какое сравнение ни с одним местом на этой земле, и он даже красивее, чем Эдемский сад, где жил Адам.

Первое Царство Небесное

Первое Царство Небесное – более красивое и счастливое место, чем Рай. Окружающая среда там намного прекраснее, чем в Раю. Здесь будут обитать те, кто приняли Иисуса Христа и, оживив свой мертвый дух, старались претворить в действие Слово Божье, но не до конца в этом преуспели. То есть оно для тех, кто, возрастая в вере, достиг второго уровня.

В Первом Царстве Небесном люди получают награды и обитель, исходя из того, что ими было сделано на этой земле. Обители в Первом Царстве Небесном подобны квартирам на этой земле. Но они построены из золота и других драгоценных камней и в зависимости от вкуса хозяев. Есть в зданиях лифты, приводимые в движение Божьей силою. Они доставят вас на тот этаж, на который вам нужно, и при этом нет необходимости нажимать на кнопки.

Тем, кто войдет в Первое Царство Небесное, будут даны нетленные венцы (1-е посл. к Коринфянам, 9:25). Это как награда за участие. Они знали Слово Божье, но не применяли его на этой земле. Помня, что должны избавиться от грехов, они так и не очистились от многих своих грехов. Но Бог учел их старания исполнять Его Слово и дал им соответствующие награды.

В Первом Царстве Небесном есть множество прекрасных садов. Есть там также зоны отдыха, в частности большие парки, полные зелени деревьев, с аттракционами, озерами, прогулочными дорожками, бассейнами, полями для гольфа, теннисными кортами и т.д. Но, кроме индивидуальной обители и венца, все остальное – общественного пользования. Это аналогично тому, как при жилых комплексах есть парки и спортивные сооружения, доступные для всех.

Здесь нет ангелов, которые служили бы вам лично. Однако люди там могут обратиться за помощью к ангелам в любом месте. Это то, что отличает Первое Царство Небесное от Рая. Например, в то время как они разговаривают, сидя на скамейке, они могут попросить ангела, если им захочется, дать им каких-либо фруктов. В Раю же им придется срывать фрукты самим. Таким образом, есть большая разница в том, как живут люди в Раю, а как в Первом Царстве Небесном. Обитатели Первого Царства Небесного не завидуют тем, кто живет в обителях более высокого уровня. Все чувствуют бесконечное счастье и удовлетворение в каждом из мест обитания.

Второе Царство Небесное

Второе Царство Небесное еще блистательнее и прекраснее, чем Первое Царство Небесное. Здания, построенные из драгоценных камней, более великолепны и роскошны. А животные и растения еще более разнообразны, чем в Раю и Первом Царстве Небесном. И даже те же самые животные или растения здесь гораздо красивее, чем в Первом Царстве Небесном. Что касается животных, то они выглядят намного грациознее. Их красота отличается особым великолепием, а краски их перьев и меха более яркие. То же самое относится и к аромату, и краскам цветов.

Во Втором Царстве Небесном находятся те, кто практически применяли Слово Божье, но не полностью освятились, то есть те, кто достигли третьего уровня веры. Они избавились от грехов, совершаемых на деле, но не полностью очистились от грехов, совершаемых в мыслях и сердце.

Им будут отведены одноэтажные отдельные дома, на дверях которых будет именная табличка. Дома эти прекраснее и величественнее любого дворца на этой земле. Обычно, кроме дома, они получают в награду венец славы. Они, в той или иной степени, прославили Бога на этой земле, и поэтому Бог дает им венец славы (1-е посл. Петра, 5:4).

Помимо венца и дома, обитатели Второго Царства Небесного будут обладать еще чем-то личным, наиболее желанным для них. Если им хотелось иметь плавательный бассейн, то у них будет прекрасный бассейн, выложенный из красивых драгоценных камней. Если они мечтали об озере, то у них будет озеро. У них может быть свой бальный зал, если им этого хочется. Если они любят гулять, то у них будут прогулочные дорожки, вдоль которых высажено множество растений и цветов и бродят красивые животные.

Так как у каждого свои предпочтения, то в домах созданы различные дополнительные условия, и их обитатели могут приходить домой друг к другу и вместе пользоваться этими удобствами. На Небесах все служат друг другу, и никто не откажется принять того, кто пришел к нему в дом. Более того, они обрадуются и поделятся всем, что у них есть. Гости же не злоупотребляют этим, и их визиты проходят в рамках любезного благообразия.

Обитатели Второго Царства Небесного не испытывают

сожаления или зависти по отношению к окружающим из-за того, что в их распоряжении всего лишь одно дополнительное удобство. Наоборот, они благодарны Богу, давшему им такую великую награду, которая намного значительнее всего того, что они совершили на этой земле. Им будет очень стыдно оттого, что они не полностью очистились от зла и не могут поднять головы пред Богом.

Третье Царство Небесное

Слава Второго Царства Небесного отличается от славы Третьего Царства Небесного, как земля от небес. Эта разница определяется тем, завершил ли человек процесс освящения или нет. Жители Третьего Царства Небесного – это люди четвертого уровня веры. Они добились святости, поэтому в их распоряжении самые разные удобства, каких только им захочется в качестве вознаграждения. Они могут владеть площадками для игры в гольф, плавательными бассейнами или бальными залами – всем, что пожелают, поэтому им не придется пользоваться тем, что принадлежит кому-то другому.

Дома здесь многоэтажные, и они настолько величественны и фантастичны, что даже миллиардеры на этой земле не могли бы и мечтать о таких домах. Они окружены огромными садами, наполненными благоухающими цветами и красиво декорированными деревьями. В озерах, которые сияют ослепительным светом, плавают рыбы всех видов и цветов. Разумеется, эти дома по размеру, красоте и величию уступают тем, что в Новом Иерусалиме. К слову о соотношениях, если мы примем самый маленький участок, отведенный под дом в Новом Иерусалиме, за 100 условных единиц, то самый большой дом в Третьем Царстве Небесном составит всего лишь 60 таких единиц. Это говорит нам о том, насколько Бог рад тем, кто вошел в Новый Иерусалим.

Прелесть благоухания и сила излучаемого домом света в Третьем Царстве Небесном зависят от того, насколько владелец дома уподобился Богу. Дома в Третьем Царстве Небесном и в Новом Иерусалиме объединяет то, что на них нет именных табличек. Уникальное благоухание и подобный Полярному сиянию свет, которые издают эти дома, представляют хозяина, поэтому даже без именной таблички каждый знает, кому принадлежит данный дом. Это объясняется еще и тем, что среди верующих, которые войдут в Царство Небесное, сравнительно не многие окажутся в Третьем Царстве Небесном или в Новом Иерусалиме.

Это относится не только к домам. Даже золотые дороги здесь намного ярче и роскошнее, чем во Втором Царстве Небесном. Так как обитатели Третьего Царства Небесного обладают всеми удобствами, которые они только пожелают, им также дано и множество ангелов. Большое количество ангелов помогает им управиться с домом и со всеми гостями. В других Небесах, включая Второе Царство Небесное, нет личных служебных ангелов, тогда как в Третьем Царстве

Небесном и в Новом Иерусалиме ангелы обслуживают каждого жителя. У них также есть похожие на облака общественные автомобили, и они могут путешествовать по бесконечному Царству Небесному, когда пожелают.

Гражданам Третьего Царства Небесного дается венец жизни. Эту первую награду они получили, потому что выдержали испытания, вверив свою жизнь в руки Господа (Посл. Иакова, 1:12). Те, кто обитают в Третьем Царстве Небесном, живут намного прекраснее по сравнению с обитателями Второго Царства Небесного. Но даже они испытывают сожаление, видя Новый Иерусалим. Поэтому очень важно, наряду с возделыванием в себе святости, угождать Богу и быть верными во всем доме Божьем.

Новый Иерусалим – место обитания людей полного духа

В Откровении, 21:11, апостол Иоанн говорит следующее о славе города Нового Иерусалима: *«Светило его подобно драгоценнейшему камню, как бы камню яспису кристалловидному»*.

Весь город окружен славой Божьей. Свет, который исходит от Нового Иерусалима, столь величественен и прекрасен, что при виде его невозможно сдержать свое восхищение. Красота и великолепие этого места находятся за пределами нашего воображения. Оно предназначено для тех, кто достиг совершенной святости, кто был верен во всем доме Божьем и кто следовал Его воле, понимая глубину сердца Божьего. Таким образом, это место – для людей полного духа, достигших пятого уровня веры.

Этот город окружен высокими стенами, которые излучают яркий свет, и это граница между Третьим Царством Небесным и городом Новым Иерусалимом. Параметры Нового Иерусалима по ширине, высоте и длине равны. Каждый из них составляет 12.000 стадий (Откровение, 21:16). Стадия является мерой длины, и 12.000 стадий – это около 2.400 км.

Если представить себе город Новый Иерусалим в плане, то есть учитывая его длину и ширину, его площадь в 58 раз превысит территорию государства Южная Корея. Но это лишь двухмерное измерение, или его площадь. Высота Нового Иерусалима тоже составляет 2.400 км. Поэтому наши представления об измерениях не позволяют нам полностью представить себе параметры города Нового Иерусалима.

В каждой из четырех сторон городской стены – по трое жемчужных ворот, то есть всего двенадцать ворот. В основании городской стены – двенадцать различных драгоценных камней. Каждые ворота охраняет ангел, и дороги сделаны из чистого золота, которое при этом подобно кристально прозрачному стеклу. Есть также множество других драгоценных камней в дополнение к двенадцати камням основания. Некоторые из них настолько велики, что мы не можем себе представить их размеров. А некоторые другие излучают по два или три слоя света разных цветов.

Пространство внутри города Нового Иерусалима может быть разделено на территорию Бога Отца, территорию Господа и территорию Святого Духа. На территории Отца расположены дома патриархов веры, которые жили во времена Ветхого Завета, в числе которых Илия, Енох, Моисей и Авраам. Правее и ниже Престола Божьего – территория Господа, на которой находится главный дворец Господа, с золотой крышей. Вокруг дворца есть множество других строений различных цветов и форм. В непосредственной близости от Его дома находятся дома Его учеников – Петра, Иоанна и Иакова, а затем и дома других учеников.

Левее и ниже Престола Божьего – территория Святого Духа, на которой проникаешься добрыми и нежными, словно материнскими, чувствами. На этой территории расположены дома тех, кто вошел в полноту духа в эру Святого Духа. Некоторые дома уже полностью украшены, а некоторые другие дома оформляются драгоценными камнями, и эта работа почти завершена. У некоторых домов расширяются участки земли, так как хозяин дома продолжает спасать души на этой земле.

Дома в Новом Иерусалиме, большие и роскошные, словно гигантские дворцы. Размер владений зависит от того, насколько человек был кротким на этой земле; у всех домов в Новом Иерусалиме будут большие участки земли, так как они возделали в себе величайшую кротость. При каждом доме будут также дополнительные сооружения, возведенные по желанию владельца, и можно будет без труда определить, чей это дом, потому что он построен с учетом веры, наград и вкуса владельца. Свет Божьей славы и драгоценные камни, которыми украшен каждый дом, говорят нам о том, в какой мере его хозяин возделал в себе святость, и насколько он/она угождали Богу на этой земле. Данные им награды будут зависеть от того, насколько они жертвовали для Господа тем, что им нравится, что им хотелось делать и что хотелось иметь.

Золотой венец и венец праведности в основном ожидают тех, кто войдет в Новый Иерусалим. Золотой венец украшен всевозможными драгоценными камнями. В Откровении, 4:4, говорится: *«И вокруг престола двадцать четыре престола; а на престолах видел я сидевших двадцать четыре старца, которые облечены были в белые одежды и имели на головах своих золотые венцы»*.

Золотые венцы сделаны из чистого золота, в котором нет никаких иных примесей. Оно является символом истинной непоколебимой веры. Эта награда дается тем, кто достиг меры веры, угодной Богу.

Венец праведности ожидает тех, кто возделал истинное сердце, без пятна и порока, и кто был верен Царству Божьему (2-е посл. к Тимофею, 4:7-8). Тем, кто войдет в Новый Иерусалим, кроме золотых венцов и венцов праведности, будут даны и другие награды. За каждый случай, при котором они прославили Бога на этой земле, им в награду будет дан венец.

Более того, есть множество вещей, приготовленных Богом для нас в городе Новом Иерусалиме. В Откровении, 21:2, об этом сказано: *«И я, Иоанн, увидел святой город Иерусалим, новый, сходящий от Бога с неба, приготовленный как невеста, украшенная для мужа своего»*. Как невесты украшают себя, наряжаясь во все самое красивое в день свадьбы, так украшен будет город Новый Иерусалим, самое красивое, уютное, благополучное и счастливое место из всех мест обитания на Небесах.

Многообразие красок, которыми переливаются сверкающие драгоценные камни каждого дома, создают идеальную гармонию. Некоторые владения включают в себя огромные озера, большой лес, обширную долину, места отдыха, идеально ухоженные сады с бесчисленным множеством птиц и прекрасных животных. Одна только возможность войти в Новый Иерусалим уже изменит сердца людей. Они будут наслаждаться счастьем вечно, во славе и радости, описать которые невозможно словами.

От начала возделывания человечества не многие вошли в Новый Иерусалим. Бог желает, чтобы каждый, став Его истинным дитем, жил в Новом Иерусалиме, однако намного больше тех людей, которые едва получили спасение. Они неизменно благодарны за то, что не были ввергнуты в ад, и могут наслаждаться истинным покоем в Раю.

Ощущение счастья в Раю не идет ни в какое сравнение с тем, что испытывают обитатели Нового Иерусалима. Оно также очень отличается от ощущения счастья, которое чувствуют в Первом Царстве Небесном. Множество отличий в окружающей среде и условиях, присущих каждому их мест обитания, соответствуют справедливости Божьей, что является проявлением истинной Божьей любви к нам. Бог дозволяет тем, кто находится на одном уровне духа, жить вместе, чтобы атмосфера полной свободы и счастья царила в каждой из Небесных обителей, и для той жизни им дано духовное тело, наиболее приспособленное к данному духовному пространству.

Глава 2.
Дух, Душа и Тело в духовном пространстве

Дары Божьи будут даны нам в том объеме,
в каком мы, живя в этом физическом мире,
возделали в себе дух, душу и тело, принадлежащие духу.
Он даст нам блаженство наслаждаться Небесными обителями,
а также одеяниями, венцами и другими украшениями,
в согласии с тем, что мы совершили на земле.

1. Духовная форма

2. Душа и тело, управляемые Духом

3. Божий дар

В кинофильмах или в телевизионных спектаклях иногда показывают, как дух покидает тело, и он выглядит точно так же, как сам человек. Дух, видя тело лежащим, с удивлением спрашивает: «Почему этот, похожий на меня, человек лежит там?» Является ли это вымыслом, существующим только на экранах телевидения и кинотеатров? Библия пишет о существовании духовного мира и нашего духа.

Для того чтобы мы жили в вечном Царстве Небесном, нам необходимо обладать духом, душой и телом, которые принадлежат духовному пространству. Все люди рождаются с мертвым духом из-за того, что Адам совершил грех. И, как результат, они живут, следуя своим желаниям и страстям. Но как только они принимают Иисуса Христа и получают Святого Духа, их мертвый дух возрождается, и они могут стать истинными детьми Божьими, которые тянутся к духовному миру.

Бог создал людей и возделывает человечество подобно фермеру, который засевает поле семенами и растит их. Только когда мы поймем Его провидение, мы сможем возродить мертвый дух и отдать в подчинение Духу наш дух и наши душу и тело. И только тогда мы сможем наслаждаться жизнью в вечном Царстве Небесном, находясь в совершенном небесном теле, когда у нас есть дух, душа и тело, приспособленные для жизни на третьих небесах, которые являются пространством света.

Как мы будем выглядеть в этом пространстве света? Здесь, на земле, мы наделены духом, душой и телом, которые приспособлены к жизни в физическом пространстве. Но как только мы войдем в духовное пространство, мы обретем дух, душу и тело, соответствующие этому пространству.

1. Духовная форма

Духовная форма – это дух, у которого есть определенная форма. Ее можно представить себе в виде сосуда, в котором содержится дух. Все спасенные люди обладают определенными небесными формами, великолепие которых различно. В зависимости от меры святости каждого, духовные тела излучают разный свет. Вначале наши тела будут воскресшими телами, а затем они станут более совершенными небесными телами.

Форма – это обличье определенной сущности. Когда мы видим парящего в небе орла, мы можем сказать, что это орел, поскольку он имеет свой неповторимый облик. И мы можем отличить льва от орла, поскольку они имеют разную форму.

Физическое тело – это физическая форма, которую мы способны воспринимать глазами. Мы, люди, обладаем формой, или очертаниями, физического, то есть земного, тела, но мы можем также обрести и духовную форму, присущую Небесам.

В 1-м послании к Коринфянам, 15:38-40, говорится: *«Но Бог дает ему тело, как хочет, и каждому семени свое тело. Не всякая плоть такая же плоть; но иная плоть у человеков, иная плоть у скотов, иная у рыб, иная у птиц. Есть тела небесные и тела земные; но иная слава небесных, иная земных».* Подобно тому, как есть видимая форма, чем и является наше физическое тело, дух тоже обладает формой. Мы можем сказать, что духовная форма –

это сосуд, в котором содержится сам дух. Что касается людей, то после окончания их земной жизни сущность их души не исчезает, но содержится в духовном теле. Свет духовного тела не одинаков, и он зависит от того, насколько человек, живя на этой земле, следовал истине. Духовное тело каждого человека имеет свои особенности, и это означает, что их можно отличать друг от друга. Глядя на свет духовного тела, можно сказать, какой Небесной обители удостоится человек, если Бог решит призвать его прямо сейчас.

Духовная форма – это не призрачная фигура. Это определенно плотная фигура. Хотя и кажется, что в ней нет веса, это не так. Она просто легкая, словно папиросная бумага. Так что, несмотря на ощущение невесомости, вес у нее все-таки есть. Но это не означает, что дух настолько слаб, что он качается на ветру. Он настолько легок, что его нельзя взвесить, но, вместе с тем, он вполне устойчив.

Духовная форма Адама

Адам – первый человек, сотворенный Богом. Бог настолько скрупулезно и тщательно формировал все его внутренние органы, кости и само строение человека, что, когда Бог вдохнул в него дыхание жизни, он стал живым существом, то есть живою душою. Сердце Адама начало биться, стала циркулировать кровь, и его органы и клетки начали функционировать. Он был прекрасным созданием, плоть и кости которого никогда не старели – они были нетленными. Кроме того, когда Бог вдохнул в Адама дыхание жизни, его дух обрел точно такую же форму, как и его физическое тело. Подобно тому, как тело Адама имело форму, его дух также обрел форму, которая выглядела также, как и его физическое тело. В теле Адама был дух, который мог общаться с Богом, и душа, которая поддерживала этот дух.

Адам мог хранить Слово Божье и общаться с Богом, потому что его душа и тело были послушны духу. Когда Адам был только создан, его дух, содержавшийся в духовном теле, был подобен чистому листу бумаги. Бог привел его в Эдемский сад и преподал ему духовные знания. И еще Бог сказал Адаму: *«А от дерева познания добра и зла, не ешь от него, ибо в день, в который ты вкусишь от него, смертью умрешь»* (Бытие, 2:17).

После длительного периода жизни в Эдемском саду, Ева, поддавшись на искушения сатаны, вкусила запретный плод сама и дала его Адаму. В результате Адам стал духовно мертвым, и произошло то, о чем предупреждал Бог, сказав: «...смертью умрешь». Таким образом его общение с Богом было прервано.

Конечно, дух Адаму был дан Богом, поэтому полностью он бы никогда не исчез. Дух жизни, который Бог вдохнул в лицо Адама, был нетленным. То есть Бог наделил его бессмертием.

В данном случае, под смертью духа подразумевается, что

связь с Богом нарушилась, а в дальнейшем и полностью прекратилась. Так как дух человека перестал быть активным, его душа заняла главенствующее положение и начала управлять телом. Плотские качества, порожденные тьмой, стали заполнять духовную форму. С этого момента тело Адама стало подчиняться физическому порядку. Он превратился в существо, которое должно меняться, стареть и в конце концов умереть.

Духовная форма человека в смертный час

После смерти физического тела, дух и душа человека будут содержаться в духовной форме, чтобы существовать вечно. Душа не исчезает даже после физической смерти, потому что она соединяется с духом и продолжает исполнять функции души. Даже после того как тело умирает и прекращаются функции мозга, знания, содержащиеся в мозгу, будут сохраняться в духовной форме. Мысли и чувства тоже останутся. Это сочетание духа и души еще известно как «дух-душа», но в большинстве случаев, мы просто используем слово «дух».

Если человек принимает Иисуса Христа, живет по Слову Божьему и обретает право войти в пространство света, его духовная форма будет светиться. С другой стороны, если дух человека мертв, так как у него нет общения с Богом, Кто есть Свет, и он погряз в грехах и зле этого мира, то его духовная форма будет лишь тьмой.

Люди, спасенные и неспасенные, в момент смерти полностью отличаются друг от друга. Неспасенные обычно умирают в страхе, с открытыми глазами; спасенные же умирают с миром, с закрытыми глазами. В тот момент, когда дух покидает тела людей, они узнают, что есть Небеса и ад.

Некоторые из неспасенных видят ожидающих их посланцев ада. Посланники ада наполнены тьмой с головы до ног. Они одеты в черные одеяния. У них бледные лица, черно-красные губы и очень темные круги под глазами. Как же ужасно чувствует себя человек при появлении такого устрашающего вида посланца ада! В этот момент он узнает, что Небеса и ад действительно существуют, и умрет в страхе. Раскаяние в своем прошлом уже не поможет ему. Слишком поздно. Его утащат в ад, и он не сможет этого избежать.

Однако те, кто хранили свою веру и жили добропорядочно, как подобает христианам, не должны бояться чего бы то ни было. Прямо перед смертью они видят двух ангелов в белых одеяниях, у которых розовые лица и от которых исходит мир. В момент отделения духа от тела верующие чувствуют неописуемые радость и счастье.

Умерла одна из прихожанок нашей церкви, прожив свою жизнь в вере. У нее было действительно доброе и кроткое сердце, поэтому у нее никогда не возникало трудностей и конфликтов в отношениях с людьми. У нее был мир со всеми, и в ее словах были только благость, любовь и истина, исполненные кротостью. Она искренне любила Бога, и ее главным приоритетом всегда было Божье дело. Она не жалела своей жизни, когда это было необходимо для Царства Божьего. Я видел необычайно яркий свет, исходящий от того места, где проходили похороны. Когда я увидел, какого ранга ангелы пришли забрать ее дух, я догадался и в какую Небесную обитель она войдет.

Духовная форма спасенных

Когда на земле умирает спасенный человек, дух его выходит из тела. Тогда два ангела сопровождают его дух, направляя к месту ожидания на Небесах. До Воскресения Господа Верхняя могила являлась местом ожидания на Небесах. Но после Его Воскресения это место поменялось. Души (дух-душа) находятся в другом месте ожидания – в предместье Рая. Те души, которые были спасены во времена Ветхого Завета, также были перемещены в это место ожидания.

Во времена Нового Завета дух спасенных людей, оставив тело, отправляется после смерти в Верхнюю могилу. Он остается там в течение трех дней, чтобы адаптироваться к духовному миру, пройти обучение и получить знания, необходимые в духовном пространстве. Затем их перемещают в место ожидания на окраине Рая. Процесс возделывания человечества будет завершен со Вторым Пришествием Господа на облаке. После этого начнется Тысячелетнее Царство, а когда и оно подойдет к концу, состоится Суд Великого Белого Престола. На Суде Бог отведет каждому Небесную обитель и даст венцы согласно его делам.

Итак, как выглядит духовная форма тех, кто получил спасение? Обладая знаниями о духовной форме, легче понять и то, что имеет отношение к воскресению и восхищению. Если умирает ребенок, то его духовная форма выглядит по-детски. У людей, умерших в юности, духовные очертания также выглядят юными. Духовная форма того, кто умер в старости, тоже выглядит старой. Однако у духовной формы нет бороды, признаков инвалидности, шрамов или морщин. Даже тогда, когда человек умирает из-за болезни, его духовная форма остается здоровой и молодой. Духовная форма пожилых людей такая же, как их физическое тело в момент смерти. Однако она не выглядит немощной, она похожа на здоровое и энергичное тело.

Все они носят белые одежды, а сама форма излучает свет. Сила света у всех людей разная. Чем более они святы, тем ярче и красивее свет. В зависимости от яркости света, Небесные обители и слава каждого тоже будут отличаться. И длина волос у женщин будет зависеть от меры святости, которую они возделали в себе. В 1-м послании к Коринфянам, 11:15, говорится: *«Но если жена растит волосы, для нее это честь, так как волосы даны ей вместо покрывала...».*

Длина волос женщин, которые войдут в Рай, в Первое Царство Небесное или во Второе Царство Небесное, будет до плеч. До середины спины будут волосы у тех, кто окажется в Третьем Царстве Небесном, и до талии – у женщин, которые дойдут до Нового Иерусалима. Что касается мужчин, то длина их волос у всех одинаковая – до шеи. На Небесах волосы и у мужчин, и у женщин – светлые и вьющиеся.

Духовная форма в месте ожидания на Небесах еще не вполне идеальна и совершенна. Находящиеся там ожидают Второго Пришествия Господа на облаке, которое станет временем воскресения. Они смогут обрести воскресшие тела только во время Второго Пришествия Господа.

Воскресшее тело

Когда Господь вернется вновь, души тех, кто находятся в месте ожидания на Небесах, соединятся с их физическим телом, которое воскреснет из могилы. Вот почему Библия говорит, что те, кто умер с верой, не умерли, а усопли. Их мертвые и погребенные тела воскреснут и будут восхищены в воздух, где они соединятся со своим духом-душой. Мы называем такие тела «воскресшие тела».

Как же тело, пролежав в могиле многие годы и превратившись в горсть праха, или тело, которое было кремировано, может воскреснуть и соединиться с духом? Хотя они и невидимы для нашего глаза, но элементы, из которых состоит тело, все еще существуют на этой земле. Во время пришествия Господа все эти элементы будут собраны вместе и воскрешены силою Божьей. Эти тела соединятся с духом-душой и станут полноценными телами, в которых есть и дух, и душа, и тело.

Те же, кто будут встречать Господа живыми, также преобразятся в духовные тела и будут вознесены в воздух. Это называется «восхищением». Его можно сравнить с гигантским магнитом, который вытягивает в воздух железо из пыли.

В 1-м послании к Фессалоникийцам, 4:16-17, говорится: *«Потому что Сам Господь при возвещении, при гласе Архангела и трубе Божией, сойдет с неба, и мертвые во Христе воскреснут прежде; потом мы, оставшиеся в живых, вместе с ними восхищены будем на облаках в сретение Господу на воздухе, и так всегда с Господом будем».*

В 1-м послании к Коринфянам, 15:51-53, написано: *«Говорю вам тайну: не все мы умрем, но все изменимся вдруг, во мгновение ока, при последней трубе; ибо вострубит, и мертвые воскреснут нетленными, а мы изменимся. Ибо тленному сему надлежит облечься в нетление, и смертному сему облечься в бессмертие».*

Эти спасенные души встретят Господа в воздухе и будут участвовать в Семилетнем Брачном Пире. В данном контексте под «воздухом» подразумевается особое пространство, отведенное для пира в Эдеме на вторых небесах. Эдем – огромное пространство, которое включает в себя Эдемский сад. Семилетний Брачный Пир – это время, отведенное спасенным душам для того, чтобы они утешились и получили удовольствие. Это время, предназначенное для того, чтобы отпраздновать усилия, затраченные на взращивание человечества на земле. А также время воздать благодарность Богу, вспомнив свою жизнь на земле.

Когда души преобразятся в воскресшие тела, тогда можно будет видеть уровень освященности, которого они достигли, возделывая в себе сердце Господа. Кроме того, они будут иметь некоторое представление о том, какие награды и почести они получат позднее, в Судный День. Они примут участие в Семилетнем пире в воздухе в воскресшем теле, а потом сойдут на эту землю, где проведут еще тысячу лет.

Итак, чем же отличается воскресшее тело от духовной формы? Воскресшее тело и духовная форма по-разному воспринимают духовное пространство. Сама по себе, духовная форма не может быть полноценным телом в духовном пространстве. Мы лишь можем сказать, что тогда у человека есть исходная форма, необходимая для жизни в духовном пространстве. Духовная форма выглядит так же, как и человек в момент его смерти, а воскресшее тело всегда будет тридцатитрехлетним.

Иисус завершил свою земную жизнь в возрасте тридцати трех лет. Подобно солнцу в зените, тридцать три года у человека являются пиком его жизни. Люди будут уже вполне зрелыми и вместе с тем еще не старыми, но полными энергии и бодрости. После 30-ти лет они обычно обретают зрелую красоту. И если сравнить ее с цветами, то это похоже на пору бурного цветения.

По этой причине Бог дал Своим детям духовное тело, которое выглядит на тридцать три года. Рост мужчин будет порядка 190 см, а женщин – около 170 см. Никто не будет ни чрезмерно толстым, ни слишком худым; все будут выглядеть просто прекрасно.

Воскресшее тело – осязаемо. К нему можно прикоснуться руками, так как оно является духом и душой, которые соединились с воскресшим физическим телом. Иисус Христос показал нам такое воскресшее тело. Воскресший Господь явился Своим ученикам и сказал: *«Посмотрите на руки Мои и на ноги Мои; это Я Сам; осяжите Меня и рассмотрите; ибо дух плоти и костей не имеет, как видите у Меня»* (От Луки, 24:39). Как Он и сказал, у воскресшего тела есть плоть и кости.

Воскресшие тела являются нетленными телами, которые не связаны физическими ограничениями этого мира. Воскресший Господь явился Своим ученикам, как написано в Евангелии от Иоанна (20:19, 26), пройдя через стену. И здесь же, в Евангелии от Иоанна, 20:22, говорится, что Иисус «дунул» на них. Воскресшее тело может дышать, а также есть и пить. Съеденная пища растворится, и человек выдохнет ее. Как удивительно, что еда будет переварена и выдохнется вместе с воздухом, издавая приятное благоухание и растворяясь в воздухе!

В Евангелии от Луки, 24:41-43, написано: *«Когда же они*

от радости еще не верили и дивились, Он сказал им: есть ли у вас здесь какая пища? Они подали Ему часть печеной рыбы и сотового меда. И, взяв, ел пред ними». Господь ел пред Своими учениками, чтобы дать им возможность уверовать в воскрешение и узнать о воскресшем теле. Кроме того, Он хотел дать им знать о том, что духовное тело тоже может употреблять пищу. Мария Магдалина и ученики вначале не узнали воскресшего Иисуса. Причина этого – в свете, который исходит от воскресшего тела. На воскресшем теле нет никаких шрамов, но поскольку Фома сомневался, Иисус показал ему Свои руки. Иисус позволил Фоме увидеть шрамы, для того чтобы он обрел веру.

Совершенное небесное тело

Как я уже объяснял, люди, получившие воскресшие тела, будут восхищены в воздух для участия в Семилетнем Брачном Пире. После этого они в том же теле спустятся на эту землю на время Тысячелетнего Царства. Когда тысячелетие закончится, они получат в наследство место обитания на Небесах, пройдя Суд Великого Белого Престола. И когда это произойдет, они преобразятся в совершенные небесные тела, которые можно считать небесными телами более высокого уровня по сравнению с воскресшими телами. Почему же Бог дозволяет нам пройти промежуточную стадию? Почему мы получаем воскресшие тела, а не совершенное небесное тело с самого начала?

Причина в том, что Царство Небесное находится на третьих небесах, а Семилетний Брачный Пир будет проходить на вторых небесах; и между ними есть большая разница, в частности, в плотности духа и потоке времени. Поэтому Бог дает тела, наиболее адаптированные для каждого пространства. Общим фактором для духовной формы, воскресшего тела и совершенного небесного тела является свечение, подобное Полярному сиянию, разная сила которого соответствует мере святости каждого; а в совершенном небесном теле можно видеть также те награды и славу, которые человек получает от Бога. В этом самая большая разница между воскресшим телом и совершенным небесным телом.

Когда взращивание человечества подойдет к концу, будет определен уровень освященности каждого, которому и будет соответствовать количество наград. Таким образом, глядя на духовный свет, излучаемый людьми, можно будет видеть разницу в славе и наградах, полученных ими. Но, разумеется, полная ясность наступит только после Суда Великого Белого Престола. Человек обретет совершенное небесное тело только после того, как Бог официально признает и объявит, какая слава и награды пожалованы каждому человеку.

Свет славы

Яркость сияния у духовных форм неодинакова и соответствует уровню святости, достигнутому каждым человеком на этой земле. Поэтому это сияние называют «светом славы». Чем большей святости и большего сходства с Господом достиг человек, тем более ясным и сверкающим будет этот свет. Уровень яркости света уже будет указывать на занимаемое им положение в духовной иерархии. В частности, обитатели Второго Царства Небесного и Третьего Царства Небесного выглядят по-разному. Потому что свет славы, одеяния, узоры и украшения на них, а также их прически будут различными.

В Откровении, 19:8, говорится: *«И дано было ей облечься в виссон чистый и светлый; виссон же есть праведность святых».* То есть сказано, что и мужчины и женщины на Небесах будут носить яркие светлые одеяния.

Одежды, мягкие, как шелк, развеваются, так как они очень легкие. Там нет пыли, и люди не потеют, поэтому их одежды никогда не пачкаются, даже если их носить долгое время. Одеяния эти имеют множество всевозможных украшений и узоров, и их великолепие и красота не идут ни в какое сравнение с одеждой, которую носят на этой земле. Кроме того, эта одежда имеет все цвета радуги и излучает свет.

Будет существовать одежда для повседневного пользования, для банкетов, для богослужений, занятий спортом и для участия в различных играх. При любых обстоятельствах можно будет найти подходящую одежду. На Небесах люди получат вознаграждения за то, что ими было сделано на земле. Поэтому и сама одежда, и ее количество у каждого человека будет неодинаково. Кто-то получит лишь несколько белых одеяний, кто-то – бесчисленное множество разной одежды. Конечно же уровень славы будет виден не только по одежде. Мы сможем определить, какова слава и какие у человека награды, по его венцу на голове и по другим украшениям.

Количество, разновидность, яркость света и великолепие дарованных человеку венцов будут зависеть от уровня освященности, возделанной им, а также от того, трудился ли он преданно и с верой для Царства Божьего. Каждое место обитания будет отличаться плотностью света, расположением, яркостью и чистотой красок. Но даже на самом низшем уровне Небес одеяния будут намного роскошнее, прекраснее и красочнее тех, что мы видим на земле. Совершенное небесное тело само по себе настолько прекрасно, что, казалось бы, не нуждается в дополнительных украшениях, но Бог дает еще и одеяния, и венцы, и другие аксессуары согласно делам каждого.

2. Душа и тело, управляемые Духом

После Суда Великого Белого Престола спасенные дети Божьи будут жить на Небесах в совершенных небесных телах. Совершенные небесные тела обладают душой, которая подчинена духу, и духовным телом, которое не производит никаких выделений.

Почему так важно знать о духе, душе и теле? Потому что мы должны восстановить изначальные дух, душу и тело, которые изменились из-за грехопадения Адама. К тому же в этом заключена причина, по которой Бог возделывает человечество на этой земле. Когда мы принимаем Иисуса Христа и получаем в дар Святого Духа, наш дух оживает, и тогда нам следует возродить наш дух. От уровня возрождения духа зависит, будут ли наши душа и тело под управлением духа. А тогда мы можем стать людьми, которые принадлежат духу.

Когда дух главенствует над душой и телом человека, о нем говорится, что его «душа процветает». В 3-м послании Иоанна, 1:2, об этом написано: *«Возлюбленный! молюсь, чтобы ты здравствовал и преуспевал во всем, как преуспевает душа твоя».*

Когда душа человека процветает, он может отбросить мысли, которые принадлежат плоти. Если ему не захочется думать о чем-то, он сразу же так и сделает. Человек может по своему желанию не чувствовать запахи и не слышать то, что он не хочет. По своему же желанию он может чувствовать или не чувствовать боль. Так как человек сможет управлять своими мыслями и чувствами, он будет всегда полон радости и благодарности (Посл. к Римлянам, 8:6). Подобный человек здравствует и преуспевает во всем. Болезни не могут повлиять на него, потому что он способен также контролировать свое тело. Даже если он по своей собственной оплошности заболеет, он сможет немедленно исцелиться верою.

Душа, управляемая духом

Адам, первый человек, которого сотворил Бог, был живым духом; он обладал духом, душой и телом, но всем управлял дух. Его дух занимал главенствующее положение. Он управлял его душой и телом в истине. Но с того времени, как он согрешил, его дух умер, и плоть завладела его духом, душой и телом. Когда человек был живым духом, Бог снабжал его лишь знаниями истины, так что функции его души управлялись только духом. Но с тех пор как дух человека стал безжизненным, контроль над его душой взял сатана. Поскольку дух был мертвым, то и функции души человека больше не были связаны с духом.

Однако, после того как человек принимает Иисуса Христа, он может восстановить функции души, которые управляются духом, но только в той степени, в какой в нем зародится дух от Духа Святого и насколько он покорится

Слову Божьему. Его ошибочные знания, теории и мысли, неугодные в очах Божьих, будут замещены истиной. Во 2-м послании к Коринфянам, 10:4-5, об этом сказано так: «*...ниспровергаем замыслы и всякое превозношение, восстающее против познания Божия, и пленяем всякое помышление в послушание Христу*».

Если душа человека подчинена плоти, то он, и это вполне закономерно, поддастся на козни сатаны. Так что действия такой души человек, даже если он будет пытаться, не сможет подчинить управлению духом. Поэтому людям необходимо постоянно прилагать усилия, для того чтобы изменить функции души и подчинить их истине, контролируя свои мысли, слова и поступки. Упорство, наряду с горячими молитвами, поможет душе обрести функции, которые подчинены духу, благодаря благодати и силе Божьей и с помощью Святого Духа.

Душа, которая принадлежит духу, подчиняется духу, который будет исполнять функцию хозяина, как это и было изначально. Тогда этот человек станет помышлять только о благости, любви и истине, потому что теперь в нем лишь те функции души, которые послушны духу. Например, даже если окружающие поступают с ним грубо или агрессивны по отношению к нему, человек, чьей душой управляет дух, не будет обижаться. Он желает мира и взаимопонимания с другими, избегая какой бы то ни было конфронтации с ними. Вместо того чтобы раздражаться, он сочувствует тем, кто питает к нему злобу.

Конечно, неправда, уже находящаяся в памяти, есть и у людей, чьи души преуспевают. Но даже притом, что она есть в памяти, сатана не сможет что-либо предпринять, если сердце уже очищено от неправды. Естественно, функции такой души будут управляться только духом. Они следуют водительству Святого Духа, поэтому не видят того, что им не должно видеть. Они не судят и не осуждают, они живут согласно истине.

Если функции их души продолжат подчиняться духу, то функции души, принадлежащие плоти, могут полностью исчезнуть. Они станут испытывать отвращение к любой неправде, которую увидят, услышат или скажут. Как только неправда полностью исчезнет из их сердца, она оставит также и их мысли. Таким образом, если мы будем наполнять наше сердце только истиной и наполним его полностью, наша душа станет принадлежать только истине.

Душа знает все, но помышляет только об истине

Когда мы взойдем на Небеса, на там окажется не только наш дух. Наша душа будет также помещена в духовную форму. Эта та душа, которая управляется духом, то есть истиной. Только та часть нашей души, из которой удалена неправда и в которой возделана истина, объединится с духом. Означает ли это, что мы ничего не будем знать о неправде, когда окажемся на Небесах? Нет, это не так. Мы будем разбираться в неправде намного глубже, чем сейчас.

В 1-м послании к Коринфянам, 13:12, говорится: *«Теперь мы видим как бы сквозь [тусклое] стекло, гадательно, тогда же лицом к лицу; теперь знаю я отчасти, а тогда познаю, подобно как я познан»*. 2.000 лет назад зеркалами служили отполированные пластинки серебра, бронзы или железа, и, по сравнению с современными зеркалами, они были тусклыми. Отражение в зеркале не было отчетливым, поэтому видеть можно было только общий контур предмета. Теперь отражение в зеркале отчетливое. Так и на Небесах. Мы будем все видеть ясно и отчетливо, и даже то, о чем мы не знали на этой земле.

Как только нашей душой будет управлять дух, то, даже если мы подумаем о чем-то, что принесло нам стыд или унижение на земле, у нас все равно не возникнет помышлений, враждебных истине, или чувства обиды. У нас будут лишь духовные мысли, мысли в истине – с кротостью, миром и милосердием.

Понимание в Духе сердца окружающих

На Небесах мы сможем безошибочно определять, что на сердце у каждого человека, будем понимать и ощущать то, что чувствуют окружающие. Так как у них не будет никакого зла в сердце, то никакого недопонимания, предвзятости или осуждения там нет. Особенно это относится к Новому Иерусалиму, где все в духе полностью понимают сердце друг друга. Каждое слово, которое они произносят, содержит заботу, любовь и готовность служить, чем они и располагают сердца других людей. Они постигли сердце Бога Отца и Господа, а также сердца других людей, поэтому им ясны мысли и чувства Бога в период взращивания человечества на земле; они также постигнут, что чувствовал Господь на кресте.

Однажды Бог дозволил мне почувствовать в духе сердце Моисея. Я встретился с Моисеем, который стоял в необычайно ярком свете и был наполнен ароматом благости. Когда Он держал меня за руки, мне передалась Божья любовь. Когда Он заговорил, то в нем было дерзновение и достоинство, как тогда, когда он проповедовал Слово Божье сынам Израиля в пустыне.

Моисей рассказал мне о своем детстве во дворце в Египте. Он сообщил мне о том, как он узнал Всемогущего Бога и то, что он был евреем, от своей няни, которая в действительности была его матерью. Он рассказал мне о том случае, когда сыны Израиля поклонялись идолам в пустыне, и о том, что он, как лидер Исхода, при этом чувствовал. Когда Моисей вспомнил об этом, у него слезы на глаза навернулись.

Когда кто-либо плачет, вспоминая то, что происходило на этой земле, их слезы быстро превращаются в прекрасный свет. Это трогает сердца тех, кто слушает, и они тоже наполняются благодатью и любовью к душам.

Они вновь исполнятся благодарностью и любовью к Богу, Который дал им счастье на Небесах, и от всего сердца воздадут Ему хвалу. Они искренне, всем разумом и душой, любят Бога, и их любовь и благодарность в сердце останутся неизменными. Они глубоко понимают провидение Божье о том, что Он желает обрести истинных детей, чтобы разделить с ними Свою любовь, хотя это означает, что Ему придется пройти через многие страдания в процессе взращивания человечества. Поэтому они вечно будут благодарить Его от всего сердца.

Тело, которым управляет дух

Будучи живою душою, то есть живым духом, Адам не был совершенным. Дух, который не знает о плоти, не совершенен. Так же и плоть, которой неведом дух, не представляет собой ценности. Те, кто не приняли Иисуса Христа как своего личного Спасителя, являются плотскими людьми. Они не могут постичь реальность Божьего Царства и духовного мира. Их конец – вечная агония в огне ада. Так, кто же тогда представляет ценность? Ценными являются только те люди, которые познали плотский мир и духовный мир, избавились от плоти и вошли в дух.

И в зависимости от того, насколько мы культивируем в своем сердце святость, настолько наша плоть будет меняться и больше принадлежать духу. Люди слабые и болезненные станут здоровыми в той мере, в какой они изменились в духе, даже если они еще и не стали полностью освященными.

Как только мы войдем в дух, наш дух заключит в себе душу и тело так, что они будут двигаться вместе, как единое целое. Тогда, даже живя в физическом мире, мы контролируем свою душу и тело через дух, и это все равно, как если бы мы жили в духовном пространстве. Насколько мы возродим в себе образ Божий, утерянный из-за грехопадения Адама, настолько же ясно мы сможем общаться с Богом, получать Его благословения и преуспевать во всем.

И еще: как только мы станем людьми духа, замедлится процесс нашего старения, а если мы войдем в полноту духа, то сможем помолодеть. У Моисея было и зрение хорошее, и сила его не ослабевала до самой его смерти в возрасте 120 лет. Авраам родил Исаака, хотя он и был слишком стар, чтобы иметь сына. Более того, через сорок лет после рождения Исаака он стал отцом еще шестерых детей (Бытие, 25). А Илия и Енох, отвратившись от всех форм зла, достигли такого глубокого уровня духа, что проявляли характер Бога. Поэтому они стояли вне закона духовного мира, который гласит, что возмездием за грех является смерть, и сумели избежать смерти.

Тело, которое не нуждается в пище

Когда Божьи дети войдут в Небесное Царство, они

в конечном итоге обретут совершенное небесное тело. Обладая нетленным телом, они будут наслаждаться жизнью вечной. В Евангелии от Матфея, 26:29, говорится: *«Сказываю же вам, что отныне не буду пить от плода сего виноградного до того дня, когда буду пить с вами новое [вино] в Царстве Отца Моего».*

Воскресший Господь не станет вкушать никакой пищи до тех пор, пока Он вместе с верующими не сможет разделить трапезу по завершении возделывания человечества. Стоит нам только, как воскресшему Господу, обрести духовное тело, и нам не нужно будет есть, чтобы поддерживать свою жизнь.

Однако аромат и состав пищи на Небесах благотворно воздействуют на духовную форму, поэтому можно будет или есть, или вдыхать аромат. Можно будет вдыхать аромат цветов или фруктов, причем, не только через нос, но всем телом, а также сердцем. Когда во времена Ветхого Завета люди приносили в жертву животных, Бог вдыхал аромат сердец людей, совершавших жертвоприношения. И даже сегодня, когда мы приходим на богослужения, участвуем в поклонении или приносим пожертвования, Бог принимает благоухание наших сердец.

Вдыхая аромат, ощущаешь еще большую радость и счастье Небес. На этой земле разнообразие еды тоже доставляет нам удовольствие. Похожее наслаждение получают и духовные тела, вдыхая всевозможные ароматы. На Небесах никто ни от чего не устает, но чувствуют счастье и удовольствие, несмотря на то, что все время вдыхают один и тот же аромат.

Если они вдыхают аромат фруктов и цветов, то какое-то время их тела впитывают его, а потом испаряют. Благодаря этому процессу сердца людей наполняются еще большим счастьем.

Наше тело будет совершенно

Совершенное небесное тело – это, вместе с тем, и тело. Оно чувствует запахи и может принимать пищу. Оно может употреблять разнообразные фрукты и пить всевозможные напитки, изготовленные из воды жизни. В дополнение к двенадцати плодам дерева жизни, на Небесах есть множество и других фруктов, которые можно есть, сколько нам хочется. Там также есть и много разных напитков.

Сможем ли мы на Небесах употреблять в пищу те же продукты, которые нам нравились на этой земле? Есть ли на Небесах мясо, хлеб или пирожные? Будем ли мы тосковать по продуктам, которые были на земле? Как только мы отправимся на Небеса, нам не захочется есть ничего из того, что мы ели на земле. Стоит нам только обрести тело, наиболее приспособленное для жизни на третьих небесах, и мы сможем жить вечно, не нуждаясь в питании.

Конечно же не исключено, что вы вспомните о каком-то специфическом блюде, которое вам нравилось на земле, и вам захочется съесть нечто подобное и на Небесах. Вы сможете приготовить похожую еду. Но поскольку вкус фруктов и напитков на Небесах гораздо лучше, чем на земле, то вам не захочется больше той еды, которая в прошлом доставляла вам удовольствие.

На Небесах съеденные нами продукты будут растворяться и испаряться вместе с дыханием, то есть не будет обычного для этой земли выведения продуктов из организма. Съеденная пища будет испаряться просто через дыхание, продержавшись некоторое время в виде аромата, и рассеется в воздухе. Как же это удобно и насколько это удивительно, что нам не нужно будет переваривать и выводить переработанные продукты, подобно тому, как это происходит на земле! Очевидно, что там не будет туалетов с нежелательными запахами. На Небесах мы будем обладать вот таким совершенным телом.

То же можно сказать о любом из мест обитания в Царстве Небесном. Но если наша душа в большей степени принадлежит плоти, а не духу, то яркость духовной формы будет незначительной. От того, насколько мы возделали свою душу, подчинив ее духу, зависит место нашей обители: будет ли это Рай, Первое или Второе царства Небесные. Мы сможем войти в Третье Небесное Царство или в Новый Иерусалим только в том случае, если наша душа будет всецело принадлежать духу и ни малейшая ее часть не будет связана с плотью.

Бог дозволяет нам пожинать то, что мы сеяли, и воздает нам за то, что мы делали, проникшись Его любовью и справедливостью. Небесные обители и небесные звания будут соответствовать нашему духовному свету, и, следовательно, мы, горячо молясь, должны стремиться стать человеком с духом, душой и телом, которыми управляет дух.

3. Божий дар

Бог приготовил дар для спасенных детей Своих, и дар этот – вечная жизнь в Царстве Небесном. Всем будут даны разные Небесные обители, и зависит это от того, насколько мы, проходя процесс взращивания человечества на этой земле, стремились познать сердце Бога.

У Бога есть грандиозный проект – собрать урожай верующих, отобрав «пшеницу»; сбор этого урожая продолжается и сегодня. Он ищет тех, кто верует в силу и Божественное естество Творца, видимое во всем, что есть в природе, и кто живет по Слову Божьему. Их души чисты и прекрасны, как кристалл. Библия говорит нам о конце времен. И те, кто духовно бодрствуют, чувствуют, что время конца культивации человечества очень близко.

После грехопадения Адама люди приносили потомство и развивали цивилизации. Они обретали жизненный опыт, познали старость, болезни и смерть. После того как возделывание человечества завершится, Бог пригласит всех верующих «на облака», которые расположены на вторых небесах. Он приведет нас в восторг Семилетним Брачным Пиром и дозволит нам разделить нашу любовь с Господом.

В Откровении, 19:7-9, об этом написано так:

«Возрадуемся и возвеселимся и воздадим Ему славу; ибо наступил брак Агнца, и жена Его приготовила себя. И дано было ей облечься

в виссон чистый и светлый; виссон же есть праведность святых. И сказал мне [Ангел]: напиши: блаженны званые на брачную вечерю Агнца. И сказал мне: сии суть истинные слова Божии».

На этом не заканчивается проявление Божьей любви. Точно так же, как молодожены после свадьбы отправляются в путешествие, и после завершения Брачного пира Бог позволит нам спуститься на землю с Господом и царствовать вместе с Ним тысячу лет. Он обновит первые небеса, которые были местом, предназначенным для человеческой цивилизации, и дозволит спасенным верующим в полной мере разделить их любовь с Господом.

В Откровении, 20:6, говорится: *«Блажен и свят имеющий участие в воскресении первом: над ними смерть вторая не имеет власти, но они будут священниками Бога и Христа и будут царствовать с Ним тысячу лет».*

После окончания Тысячелетнего Царства Бог объявит, какие дары и награды Он приготовил для Своих детей. Во время Суда Великого Белого Престола Он вознаградит людей за их земные дела и определит им место обитания на Небесах в соответствии с их мерой веры. Они станут постоянными жителями Царства Небесного, то есть третьих небес, где нет слез, горя, боли, болезней и смерти; так что их жизнь в совершенном небесном теле будет наполнена благостью, любовью, радостью и счастьем.

В Евангелии от Иоанна, 14:2-3, Иисус обещает нам: *«В доме Отца Моего обителей много. А если бы не так, Я сказал бы вам: „Я иду приготовить место вам. И когда пойду и приготовлю вам место, приду опять и возьму вас к Себе, чтобы и вы были, где Я"».*

На что похоже вечное Царство Небесное и как мы будем там жить?

Новые небеса и новая земля

Небо над Небесами – чистое, ясное и голубое. Бог создал небо голубым, потому что этот цвет дает нам ощущение глубины, высоты и ясности. Он хочет, чтобы Его возлюбленные дети, обладая прекрасным, как кристалл, сердцем, жили счастливо и вечно.

На небосклоне Царства Небесного есть также облака. Облака существуют как украшение, для усиления красоты. Облака добавляют счастья сердцам небесных граждан. Когда обитатели Нового Иерусалима думают о любви Бога и славят Его, глядя вверх, на небо, ангелы читают мысли своих хозяев и иногда создают облака в форме сердца или пишут на Небесах облаками.

Свет славы Бога на Небесах не идет ни в какое сравнение даже с солнечным светом. Он ярко сияет в каждом уголке – от Нового Иерусалима до Рая (Откровение, 22:5).

Свет славы Бога настолько чист и ярок, что, засияй Он перед обитателями Рая, и они не смогли бы поднять головы, настолько сильна яркость этого сияния. Поэтому Бог сделал так, что, по сравнению с Новым Иерусалимом, яркость сияния во всех других местах обитания постепенно уменьшается. Третье Царство Небесное, Второе Царство Небесное, Первое Царство Небесное, Рай – по мере удаления от Нового Иерусалима сияние света уменьшается.

Силою Божьей четыре времени года – весна, лето, осень и зима – сменяют на Небесах друг друга. По сути в этом нет необходимости, но они предусмотрены для того, чтобы дети Божьи могли наслаждаться различными видами природы, присущими каждому времени года. Они могут видеть и осенние листья, и даже зимний снег.

Бог устроил все самым совершенным и прекрасным образом, чтобы мы могли ощущать красоту каждого времени года, которые были на этой земле. Однако это не означает, что на Небесах будет жарко или холодно и что, в основном, ассоциируется у нас со сменой погоды или временами года. Между временами года есть разница, но сезоны не будут отмечены жарой или холодом. Температура всегда будет наиболее оптимальной для жизни.

Небесная почва состоит не из земли, а из золота, серебра и различных драгоценных камней. На земле сталь обладает умеренной плотностью, и если она в порошкообразной форме, то ее может сдуть ветер. Но если это стальной шар, то ветер его уже не сдует. На Небесах нет пыли, а золото, серебро и драгоценные камни обладают сферической формой.

Золотая дорога и дорога из драгоценных камней

В каждой из Небесных обителей есть дорога из золота. Конечно же блеск, излучаемый дорогой из золота, в каждой из Небесных обителей разный. Чем ближе вы подойдёте к Новому Иерусалиму, тем ярче становятся блеск и сияние. Золото на Небесах, по сравнению с золотом на этой земле, более твердое, но, когда ты идешь по нему, возникает ощущение, что оно мягкое. На этой земле золотой слиток размером с ладонь человека – большая редкость. Можете ли вы представить себе, как прекрасно увидеть бесконечную золотую дорогу, которая сверкает, как стекло! Чистое золото символизирует свойства непоколебимой духовной веры. Яркость сияния золотой дороги в каждой обители различная, так как Небесные обители будут отведены каждому согласно мере его веры.

Бог не вкладывает особой значимости в золото Рая. Однако по мере продвижения – от Первого Царства Небесного ко Второму и Третьему царствам Небесным, обитатели становятся все ближе к совершенной мере веры, поэтому чистота золота в более высоком месте проживания имеет более глубокий смысл, передаваемый посредством великолепия блеска.

Помимо золотой дороги, есть и другие дороги, в частности, из цветов и драгоценных камней. Есть также некоторые дороги, по которым вы будете перемещаться силою Божьей, то есть при этом сами вы будете просто стоять на них. Духовные формы очень легкие, словно в них нет никакого веса. Поэтому, хотя вы и идете по цветам, вы их не повредите. Цветы радуются и усиливают аромат, когда дети Божьи приближаются к ним.

Дорога из драгоценных камней вымощена разными породами камней, которые излучают великолепный свет. Если вы на них наступите, они засверкают еще ярче. Однако дорога из драгоценных камней проложена не по всему Царству Небесному. Она построена только вокруг домов тех, кто полностью уподобился Господу и внес крупный вклад в исполнение Божьего провидения возделывания человечества.

Река Воды Жизни

Река Воды Жизни исходит от Престола Божьего. Она, пронеся свои воды через все Царство Небесное, возвращается к своему истоку. Эта река прозрачна и чиста, как кристалл, и течение ее настолько спокойно, что кажется, будто она просто стоит на месте. Вода в реке никогда не испаряется и не загрязняется. Она, как морские волны, которые сверкают, как драгоценные камни, отражающие солнечный свет в ясный день. Эта река символизирует сердце Бога, Кто есть источник воды жизни, возрождающей все в природе. Сердце Бога – это красивое, ослепительно сияющее сердце без пятна и порока. Оно совершенно во всем.

Тот факт, что река жизни протекает через все Небесное Царство, означает, что Бог управляет всеми душами на Небесах, дозволяя им жить, по Его благодати, каждый день в радости. Вкус у воды жизни слегка сладковатый, но ничего подобного на этой земле вы отведать не можете. Когда пьешь ее, она дает жизнь, силы и счастье.

В Книге Откровения, 22:2, говорится, что она течет «среди улицы». Так что, по обе стороны реки есть дороги. Река исходит от Престола Божьего и протекает по всему Царству Небесному, поэтому если вы идете по дороге, по ту или иную сторону реки, то вы, в конечном итоге, достигнете Божьего Престола. Духовный смысл этого факта в том, что, живя по Слову Божьему, которое является водой жизни, мы можем не просто достичь Царства Небесного, но и дойти до самого прекрасного места на Небесах – Нового Иерусалима.

Вдоль Реки Воды Жизни есть набережные, покрытые золотым и серебряным песком. Шарообразные песчинки на Небесах, хотя и твердые, кажутся мягкими. Люди не могут пораниться или поцарапаться, если будут бежать или скатываться по нему. Песок, в отличие от пыли, не разносится ветром и не прилипает к небесной одежде.

Вы можете также плавать в этой реке. Даже если на этой земле вы не умели этого делать, на Небесах вы будете свободно плавать. Для того чтобы окунуться в реку, люди на земле обычно переодеваются в плавательный костюм. Однако небесная одежда не промокает в воде. Она просто скатывается с поверхности материала. Поэтому вы можете свободно плавать, оставаясь в своей обычной одежде.

Вдоль золотых дорог, которые расположены по обе стороны реки, установлены красивые скамьи. Вокруг них – древо жизни, приносящее двенадцать различных плодов. В Откровении, 22:2, говорится: *«Среди улицы его, и по ту и по другую сторону реки, древо жизни, двенадцать раз приносящее плоды, дающее на каждый месяц плод свой...»*. Это не означает, что одни плоды заканчиваются, а другие вырастают на их месте каждый месяц. Это означает, что на дереве жизни всегда есть двенадцать разного вида плодов.

По величине плод жизни такой же, как дыня, но по форме он похож на яблоко. Он красивого красного цвета. Двенадцать плодов слегка различаются по своему блеску, размерам, форме и вкусу. Если кто-то сорвет плод с дерева, то на смену ему немедленно вырастает другой. Они более ароматные, чем любые плоды на этой земле, а вкус их не описать словами. Они тают во рту, как сахарная вата.

Однажды Бог показал мне в видении Реку Воды Жизни. Дети Божьи сидели на скамьях, украшенных золотом и драгоценными камнями. Они приятно беседовали друг с другом. Если во время беседы у них возникала мысль съесть плод жизни, то прислуживающий ангел, прочитав их мысли, приносил им золотую корзину с фруктами. Вы можете смотреть на реку, сидя на скамьях в окружении любимых вами людей, или можете вести приятную беседу с ними, прогуливаясь вдоль реки. Какой же счастливой будет такая жизнь!

Животные и растения на Небесах

На Небесах есть бесчисленное множество различных животных, птиц и рыб. Там есть такие виды животных, которых нет на земле, но в то же время может не быть таких, которые живут на земле. На Небесах нет животных, которые в 11-й главе Книги Левит отнесены к числу нечистых.

Животные на Небесах немного крупнее, чем земные. Они кажутся более величественными, но, вместе с тем, у них мягкий нрав, и они очень послушные. Шерсть млекопитающих и перья птиц излучают яркий свет и источают тонкий аромат. И даже лев там совсем не свирепый, а, наоборот, тихий. Его чистая шерсть и золотая грива представляют собой удивительное зрелище.

Животные на Небесах приветствуют детей Божьих и радуются при виде их. В частности, в Новом Иерусалиме некоторые люди получат в подарок таких же животных, как домашние, или даже целый зоопарк. Животные исполняют милые трюки, чтобы доставить удовольствие своим хозяевам. Не то чтобы они понимали мысли своих хозяев, потому что в них есть душа. Просто, как и ангелы, которые покоряются повелениям Бога, животные на Небесах, будучи духовными существами, почти автоматически поступают так, как это нравится их хозяевам.

На Небесах есть множество растений, включая древо жизни, фруктовые деревья и цветы. Растения на этой земле получают энергию через корни и путем фотосинтеза. Однако на Небесах вечные растения живут без фотосинтеза, а благодаря силе, дарованной Богом. Корни растений не поглощают питательные вещества. Они просто распознают особенности каждого растения. Ведь у всех растений различные форма цветов, аромат и плоды; вот через корни это различие и обеспечивается.

Растения на Небесах издают свой уникальный стойкий и нежный аромат. Они могут трясти ветками или опустить их, чтобы передать определенный смысл. Они умеют двигаться, словно ангелы в танце прославления. Они способны также славить Бога, усиливая благоухание.

Листья, цветы или плоды никогда не опадают, сколько бы ни прошло времени. Их аромат и цвет всегда остаются неизменными. Если вы сорвете цветок, на его месте тут же вырастет новый. То же самое касается и фруктов. Сорванные цветы не вянут, а сохраняют свою свежесть. Вы можете хранить их столько, сколько пожелаете. А когда они вам станут не нужны, они просто растворятся и исчезнут в воздухе. Некоторые цветы, стертые в порошок, издают еще больший аромат. Поэтому вы можете хранить их сколько захотите.

Все растения обладают собственным уникальным ароматом. Это может быть или аромат свежести, или сладковатый, нежный и изысканный аромат. В благоухание каждой Небесной обители вложен определенный смысл. Например, розы в Раю – это лишь один из многочисленных видов цветов. А в обители Нового Иерусалима аромат роз будет отражать сердце владельца этой обители. Если придут гости, то розы начнут издавать для них особый аромат, чтобы выразить отношение сердца хозяина. Розы в разных домах Нового Иерусалима будут издавать разное благоухание.

Кроме того, некоторые цветы растут только в Новом Иерусалиме, и их нет в других местах обитания. Чем дальше от Нового Иерусалима и ближе к Раю, тем менее разнообразен мир цветов. И, кроме того, свобода личного использования цветов намного ограниченней. Возможность сидеть на зеленых лужайках и цвет самих лужаек тоже не одинаковы и зависят от места обитания.

Все на Небесах, включая растительный и животный мир, подготовлено Богом для Своих спасенных детей. Истинным детям Божьим, которые на этой земле жили только по воле Божьей, на Небесах будет дано все, что они пожелают.

Культурная жизнь на Небесах

Бог создал множество зон отдыха в каждом месте

обитания на Небесах, чтобы еще более порадовать Своих детей и принести им больше счастья. Они несравнимо больше самых больших луна-парков в мире. И в них также много захватывающих и увлекательных чудес.

Так как у нас будет совершенное небесное тело, нас ничто не будет пугать. Вы без страха будете кататься на самых головокружительных аттракционах, похожих на «американские горки». И это приведет вас в полный восторг. Кроме парков с аттракционами, там есть много других возможностей для того, чтобы развлечься, отдохнуть и получить удовольствие. На Небесах, как и на земле, у нас могут быть увлечения, которые усовершенствуют наши таланты в какой-то области.

Мы можем с удовольствием заниматься тем, чем нам нравилось заниматься на этой земле. Более того, если мы в чем-то ограничивали себя на земле, чтобы больше служить Богу, то на Небесах мы будем наслаждаться этим вволю. Мы будем также познавать и что-то новое. Например, мы можем обучиться игре на таких музыкальных инструментах, как скрипка, флейта или арфа. На Небесах все будут мудрыми и талантливыми, поэтому мы сможем очень быстро научиться играть на музыкальных инструментах.

Занятия спортом на Небесах исключают игры, которые могут нанести травму или какой-либо ущерб окружающим. Там у каждой спортивной игры тоже будут свои определенные правила. Мы можем сформировать спортивную команду, например, волейбольную, баскетбольную, футбольную или бейсбольную. Там мы сможем заняться и более индивидуальными видами спорта, такими, как теннис, катание на лыжах, игра в гольф, кегли и плавание. Мы может наслаждаться и такими видами спорта, как дельтапланеризм, серфинг или парусный спорт. Спортивные снаряды и сооружения на Небесах исключают травмы, а чтобы еще больше порадовать тех, кто ими пользуется, они украшены золотом и драгоценными камнями.

Небеса – это не то место, где вы будете получать удовольствие, выиграв в соревновании. Наслаждение и удовлетворение вам даст сам факт участия в спортивных играх. Вы можете спросить: какой тогда смысл участвовать в игре, если в ней не будет победителей? Но так как на Небесах нет зла, то людям доставит больше удовольствия порадовать других, чем одержать победу в игре.

Конечно же есть игры, от которых можно получить удовольствие, соревнуясь в преданности друг другу. Например, люди могут выдыхать аромат цветов в присутствии других, прикладывая для этого максимум усилий, на который они только способны. И оценки будут присуждаться в зависимости от того, насколько вы угодили Богу, выдыхая аромат, или насколько хорошо вам удается сочетать разные ароматы. Суть этого соревнования в том, чтобы доставить удовольствие другим людям, и это похвально в очах Божьих. На Небесах есть также множество других, намного увлекательнее земных, развлечений. В отличие от компьютерных игр или видеоигр, от них не возникает чувство усталости, и они никогда не надоедают.

На Небесах вы также сможете смотреть фильмы. В кинотеатре вы увидите самые монументальные события, произошедшие в ходе возделывания человечества. Сотворение мира, Ноев потоп, Исход, служение Иисуса, провидение Креста, огненные деяния Святого Духа в конце времен и история жизни каждого из отцов веры – таковы будут сюжеты фильмов.

Или, например, вы можете посмотреть фильм, в котором показана вся жизнь апостола Павла. Вы увидите, как он встретил Господа и как с любовью посвятил всю свою жизнь Господу. Вы узнаете подробности, которые не описаны в Библии. Вам так откроется жизнь Павла, как будто вы были вместе с ним, когда он подвергался жестоким гонениям, вынести которые было вне человеческих сил. Вы можете вместе с ним прочувствовать, каково быть заключенным в Филиппах, и благодарить и славить Бога, попав в кораблекрушение. Это будет захватывающим переживанием!

Транспорт на Небесах

Мы можем посетить тинственные и прекрасные места в Небесном Царстве. Куда бы мы ни отправились, мы увидим уникальные, захватывающие дух сцены. С совершенным небесным телом мы не устанем даже после длительного путешествия. Духовное сердце остается всегда неизменным, так что нам никогда не будет скучно, даже если мы будем посещать одни и те же места.

На Небесах можно будет путешествовать с помощью разных транспортных средств. Есть общественные виды транспорта, к примеру, небесный поезд. Также существуют и частные виды транспорта, такие, как облачные автомобили или золотые вагоны. Небесный поезд украшен сверкающими драгоценными камнями, и в нем созданы все удобства для пассажиров. Из окна поезда перед пассажирами предстает по-настоящему восхитительное зрелище. Когда верующие из Рая будут приглашены посетить Новый Иерусалим, они поедут на небесном поезде. Он, на самом деле, может лететь по небу на очень высокой скорости.

А есть еще облачные автомобили, которые сделаны не из обычных облаков, а из облака славы. И они привносят свою прелесть в жизнь на Небесах. Когда вы выезжаете на облачном автомобиле, то это уже само по себе говорит о вашем достоинстве и авторитете. Второе Пришествие Господа состоится на облаке (1-е посл. к Фессалоникийцам, 4:16-17; Откровение, 1:7). Появление на облаке славы выглядит более величественно, почетно и красиво.

Бог дарует облачные автомобили тем, кто войдет в Третье Небесное Царство и выше. В Третьем Царстве Небесном такие автомобили предназначены для общего пользования, а в Новом Иерусалиме они даются для частного пользования. В этом плане, владение облачным автомобилем само по себе указывает на высокий уровень славы его владельца.

Те, кто окажутся в Новом Иерусалиме, могут также отправиться в путешествие с Господом на облачных автомобилях. Облачными автомобилями, как правило, управляют ангелы. Некоторые из машин – это небольшие легковые автомобили, другие же – побольше, и в них много пассажирских мест. У них разнообразные дизайн, цвет и оформление. Есть также автомобили, сделанные из небольшого кусочка облака. И они рассчитаны на короткие дистанции. Они, так же как гольф-автомобиль на поле для гольфа, подбирают пассажира и заботливо высаживают его у места назначения.

Богослужения и обучение на Небесах

На Небесах мы также будем посещать богослужения. Проповедовать будет сам Бог. Нам предстоит изучать духовный мир в подробностях, включая изначальную сущность Бога, начало времен и вечность. Нам представится также возможность слушать Господа. Кроме того, на Небесах мы будем говорить с Богом, Господом и Святым Духом; это и будет нашей молитвой. Мы также будем славить Бога новыми песнями.

Если на Небесах возникнет необходимость посетить место обитания более высокого уровня, вы должны будете сменить одеяние на то, которое соответствует тому месту обитания, куда вы идете. Богослужения, которые проводятся в Новом Иерусалиме, будут транслироваться повсеместно, так что все обитатели Небес смогут участвовать в них. Но для этого не нужна будет сложная аппаратура. Ангелы развернут нечто вроде колоссального полотна, которое будет служить видеоэкраном. Настройка света и цвета будет происходить автоматически для каждого из мест обитания, чтобы все смогли увидеть живую трансляцию и почувствовать, будто бы они действительно находятся там, где происходят эти события.

Яркость должна быть адаптирована к каждой обители, так как если транслировать свет Божий таким, какой он есть в реальности, то те, кто находятся в Третьем Царстве Небесном и ниже, не смогут смотреть на Него из-за его нестерпимой яркости. Те же, кто находятся во Втором Царстве и ниже, не смогут даже поднять головы, чтобы посмотреть на экран в лицо Богу Отцу, потому что их совесть им этого не позволит.

Это особенно относится к обитателям Рая, которые едва получили спасение. Они не смогут даже посмотреть на видеоэкран из-за смущения и чувства стыда. В дополнение к богослужениям, на которых проповедует Бог, можно будет пригласить Господа, Святого Духа или отцов веры, например, Моисея и Павла, чтобы они тоже поделились своим словом на богослужениях.

Мы будем продолжать познавать новое даже после того, как окажемся на Небесах. Царство Небесное бесконечно, и поэтому, сколько бы мы ни учились, мы никогда не сможем познать до конца предвечного Бога Творца, Который существовал до вечности и будет существовать вечно. Трудно в полной мере понять бесконечную глубину Бога, Который управляет всем во вселенной. Мы почувствуем, что Небеса переполнены тем, что нам необходимо познать. Но обучение на Небесах, в отличие от обучения на земле, будет доставлять нам только радость. Мы будем понимать все, чему нас будут учить. И как только мы что-то поймем, мы никогда этого не забудем, поэтому никаких трудностей в учебе у нас не будет. Кроме того, мы не просто будем слушать лекции. Наши программы будут трехмерными, так что нам будет легко усваивать материал.

Представьте себе изначальный голос Бога, который звучит по всей вселенной: «Да будет свет», и появляется свет, и свет разделяется, и все это происходит прямо перед вашими глазами! И еще представьте, что вы сможете увидеть, как создавалась твердь и отделялась вода, которая над твердью и которая под твердью. Как это будет грандиозно и величественно!

Различные небесные пиршества

Разнообразные пиршества на Небесах можно считать кульминацией радости Небесной жизни. Они дадут нам сразу же почувствовать все изобилие, свободу, красоту и великолепие, присущие Небесам. На торжествах участники будут смотреть специальные представления или танцевать с возлюбленными в своих самых прекрасных нарядах и украшениях. Даже если вы не были хорошими танцорами на земле, вы сможете быстро научиться прекрасно танцевать на Небесах.

Даже на этой земле человек, исполнившись Святым Духом, может достичь состояния, при котором он заговорит новыми языками и запоет новые песни. Его руки начнут сами собой двигаться в такт музыки, и он начнет танцевать и прославлять Бога. На Небесах, обладая совершенным небесным телом, каждый сможет превосходно танцевать под любую музыку. Человек будет способен воздать славу Богу, посвятив Ему свой танец.

На Небесах проходят разные пиршества, и в каждой из Небесных обителей они отличаются и размахом, и уровнем. В Новом Иерусалиме проходят празднества в честь Бога Троицы или, соответственно, в честь Бога Отца, Бога Сына и Святого Духа. Жители всех Небесных обителей иногда будут приглашаться для участия в пиршествах в честь Бога Троицы.

Например, после Суда Великого Белого Престола нам будут отведены обители на Небесах, и затем состоится первый пир в Новом Иерусалиме. Бог пригласит на него всех граждан Царства Небесного. Этот пир смогут посетить все жители Нового Иерусалима и Третьего Царства Небесного, но от обитателей Второго Царства Небесного, Первого Царства Небесного и Рая на банкете смогут присутствовать только их представители.

Когда на пир в Новый Иерусалим придут люди из других мест обитания, им придется сменить свои одежды и украшения на те, которые пристало носить в Новом Иерусалиме. Это объясняется тем, что свет небесных тел в разных обителях различен. Как только они облекутся в одеяние, которое подобает носить в Новом Иерусалиме, они смогут адаптироваться и приспособиться к тому месту, где проходит пир.

Есть специально отведенные места, где люди могут переодеться. Для них приготовлено множество различных одеяний. Ангелы помогут им сменить одежду по их выбору. Однако представителям Рая придется переодеваться самим, без помощи ангелов. Как только они наденут сияющие одежды Нового Иерусалима, они преобразятся, благодаря невообразимому великолепию, и почувствуют себя недостойными, потому что не заслужили привилегии носить эти одежды.

В отличие от одежд, венцы для гостей в Новом Иерусалиме не готовятся заранее. Каждый приносит свои собственные. Венцы в Третьем Царстве Небесном отличаются от тех, что в Новом Иерусалиме: на них небольшой круглый знак с правой стороны венца. У обитателей Второго Царства Небесного, Первого Царства Небесного и Рая есть круглый символический знак с левой стороны груди, для того чтобы легче было отличить их от тех, кто живет в Новом Иерусалиме или в Третьем Царстве Небесном. Те, кто из Второго или Первого царств Небесных, надевают свои венцы, чтобы пойти на пир, а обитатели Рая не надевают венцы, так как у них нет их.

Пиршества в разных местах обитания

Обычно на ангелах лежат заботы, связанные с украшением пира, сопровождением гостей, приготовлением еды и с другими аспектами подготовки к небесному празднеству. Точно так же, как в самолетах есть различные классы обслуживания пассажиров, и в каждой из Небесных обителей по-разному проходят все приготовления к проведению пиршеств.

Если сравнить пиры в Новом Иерусалиме с праздниками, которые устраивает королевская семья, то пиры в Раю будут похожи на вечеринки, когда бедные крестьяне приглашают своих соседей. Но это лишь аллегория, и это не означает, что пир в Раю – это нечто убогое или плохо подготовленное. Просто между пирами в Новом Иерусалиме и теми, что устраиваются в Раю, есть огромная разница.

В Раю нет личных банкетов. Празднества либо открыты для всех желающих, либо для определенной группы людей. Там нет прислуживающих ангелов, поэтому людям приходится делать все самим. Но даже в Раю, где нет зла, а есть только благость и любовь, каждый будет готовиться к торжеству с радостью и счастьем. Все служат друг другу с предупредительностью и участием, поэтому получают максимальное удовольствие от пира. На самом деле, такого счастья никто и никогда не испытывал даже на самых роскошных празднествах в этом мире. Тогда, каким же счастьем и блаженством станут пиры в Новом Иерусалиме!

Представления

Как и на праздничных торжествах, проводимых на этой земле, песни и танцы являются неотъемлемой частью небесных пиров. Прекрасные ангелы танцуют с изяществом, играют на музыкальных инструментах и поют песни. Вместе с ангелами славят Бога и играют на музыкальных инструментах и люди. Песни прославления, танцы и игра на музыкальных инструментах в исполнении ангелов безупречно прекрасны и искусны. Но есть прославление, которое Богу доставляет большее удовольствие, чем ангельское. Это прославление, танцы и игра на музыкальных инструментах в исполнении детей Божьих, потому что они возносят их Богу из любви к Нему, понимая Его сердце.

В Новом Иерусалиме есть также специальные концертные залы. Это гигантские, роскошные залы, больше и прекраснее, чем «Мэдисон-Сквер-Гарден» в Нью-Йорке или оперный театр в Сиднее. В них постоянно даются представления. Они проводятся не для того, чтобы артисты могли показать свое мастерство. Они проводятся только с целью воздать славу Богу и порадовать Господа и людей.

Исполнителями, как правило, являются те, кто были артистами или музыкантами на земле, и иногда они повторяют то, что делали на земле. И, кроме того, есть люди, которые, живя на земле, хотели выступать на сцене, но не могли, и они, выучив песни и танцы прославления, стали исполнять их на Небесах.

В зависимости от того, насколько исполнители стали освященными, они могут участвовать в представлениях либо в Новом Иерусалиме, либо в Третьем Царстве Небесном, во Втором Царстве Небесном или в Первом Царстве Небесном. Певцы, танцоры и музыканты в Новом Иерусалиме – это исполнители высшего класса, которых любят все люди на Небесах. Каждый обитатель Небес может видеть их выступления, потому что все торжества и представления, устраиваемые в Новом Иерусалиме в честь Бога Троицы, одновременно транслируются во всех местах обитания на Небесах.

Видеоэкран будет развернут в воздухе на самой оптимальной для глаз высоте, чтобы просмотр живого видео создавал ощущение присутствия в месте событий. Благодаря этому, жители всех Небесных обителей станут соучастниками банкетов и представлений, проходящих в Новом Иерусалиме. На этой земле обычно за знаменитостями следуют их поклонники; также и на Небесах есть ангелы, которые сопровождают людей и несут ответственность за то, чтобы они были возвеличены. Они называют каждого из них «господин» и стараются доставить счастье и радость своим хозяевам.

Ощущая любовь и обожание многочисленных ангелов

Есть в Новом Иерусалиме женщина, которая пользуется невероятным почетом, за которой следует огромное множество ангелов. На земле она возделала совершенное духовное сердце. Это – Мария Магдалина. Она носит сияющие одежды, ниспадающие до пола. Длина ее волос – до талии. С венцом на голове, она ослепительно прекрасна.

Мария Магдалина, живя на этой земле, взрастила в себе совершенную благость, и ее духовное обличье сияет ярким светом славы. Ее голос, подобный журчанию ручейка, полон смирения и мягкости. Когда она говорит, распространяется благоухание ее смирения и благости, а ее слова располагают к ней всех ангелов и людей. Поэтому иногда ангелы собираются вокруг Марии Магдалины и воздают похвалу фимиаму ее благости.

Ее положение настолько почетно, что она может видеть Бога всегда, поэтому человек, глядя на нее, может чувствовать сердце, величие и свет славы Бога. Итак, почему же Мария Магдалина занимает такое почетное положение?

Встретив Господа, Мария Магдалина была исцелена от многих болезней и освобождена от власти тьмы. Она всегда оставалась благодарной Господу за Его милость и служила Ему с неизменной преданностью. Когда Иисус был распят, многие из тех, кто следовал за Ним прежде, оставили Его. Ее же сердце было настолько верным, что она оставалась с

Иисусом до самой смерти. Она даже пришла к Его гробу. А в конечном итоге она оказалась вблизи Престола Божьего в Новом Иерусалиме.

Бог хочет делить Свою вечную любовь со Своими истинными детьми и слышать прославление тех, кто возделал в себе такое же благое сердце, как у Марии Магдалины.

В Книге пророка Исаии, 43:21, говорится: *«Этот народ Я образовал для Себя; он будет возвещать славу Мою».* Не просто красивый голос, прекрасная хореография или удивительные звуки музыкальных инструментов желанны для Бога. Он желает прославления, которое исходит из верного и благого сердца. Бог иногда тоже поет. В прекрасной песне Он поет об удивительных делах, совершенных Его Единственным и Единородным Сыном Иисусом, и о необыкновенных деяниях Святого Духа.

Никто не сможет петь таким, как у Него, голосом. Его голос настолько прекрасен, что пленяет каждого, кто хоть раз услышит его. К тому же голос у Него настолько громкий, что может потрясти весь мир, однако на Небесах не каждый может слышать его. Он слышен только тем, кто близок к Престолу Божьему в Новом Иерусалиме. Поэтому так важно достичь уровня полноты духа, славить Бога в вечном Царстве Небесном и занять достойное положение, которое позволит нам слышать, как поет Бог.

Дух, Душа и Тело II

Часть 3

Преодолевая ограниченные возможности человека

Ощутить Божье пространство

Видеть Бога, Кто есть Свет

«Истинно, истинно говорю вам: верующий в Меня, дела, которые творю Я, и он сотворит; и больше сих сотворит, потому что Я к Отцу Моему иду»
- Евангелие от Иоанна, 14:12

Глава 1.
Божье пространство

В отличие от физического пространства,
Божье пространство – безгранично.
Как только мы станем истинными детьми Божьими,
мы сможем преодолеть ограниченность человеческих возможностей
с помощью неограниченной силы Божьей.
В Божьем пространстве все, что угодно, может быть сотворено из ничего,
мертвые могут воскреснуть и свершится все то,
что Бог держит в Своем сердце.
В этом пространстве нет ничего невозможного.

Овладеть пространством Бога

В пространстве Бога совершаются дела сотворения

Деяния, преодолевающие время и расстояние

Перемещение в духовном пространстве

Любовь, которая превыше справедливости

Пространство – это протяженность или расширение поверхности или объема. То же может относиться и к бесконечной протяженности трехмерной вселенной – места существования всей материи. Известно также виртуальное пространство, созданное компьютерами. Оно доступно любому человеку, но люди пользуются им по-разному, в зависимости от уровня их знаний компьютера. Точно так же, в той мере, в какой мы познали и испытали Божье пространство, мы сможем приобщиться к Божьему пространству и испытать чудеса, описанные в Библии.

Духовное пространство находится не где-то там, в конце вселенной. Оно очень близко к нашему физическому пространству. Если врата в духовный мир открыты, то мы можем так же видеть духовное пространство, как видим пейзаж из окна нашего дома.

В Библии мы можем прочесть о том, как воскресший Господь вознесся на Небеса на глазах многих учеников. В Деяниях, 1:9, говорится: *«Сказав сие, Он поднялся в глазах их, и облако взяло Его из вида их»*. Иисус взошел на Небеса через духовное пространство, открытое на высоте формирования облаков. Если у нас есть ясность понимания духовного пространства, то мы сможем понять многие трудные библейские отрывки. И также сможем обрести совершенную веру и надежду на Небеса.

Кажется, будто у людей нет другого выбора, кроме жизни, ограниченной во времени и пространстве. Но мы можем преодолеть эти ограничения, если станем истинными детьми Божьими. Злые духи не смогут даже коснуться нас. В конечном итоге мы войдем в Царство Небесное, расположенное на третьих небесах, в котором не мог жить даже Адам, будучи живою душою, то есть живым духом. И кроме того, вы ощутите безграничную Божью силу, то есть четвертые небеса. *«А как вы – сыны, то Бог послал в сердца ваши Духа Сына Своего, вопиющего: ,,Авва, Отче!" Посему ты уже не раб, но сын; а если сын, то и наследник Божий через Иисуса Христа»* (Посл. к Галатам, 4:6-7).

Пространство и измерение с позиций Бога

Как уже было сказано в первой части, озаглавленной «Обширное пространство духовного мира», после того как Бог запланировал возделывание человечества, Он разделил одно исходное пространство на несколько в различных измерениях. Изначальное пространство Бог разделил на четверо небес, начиная от первых и до четвертых небес. Первые небеса – это лишь малая часть по сравнению с изначальным пространством. Когда Бог создал различные пространства в различных измерениях, Он основал их согласно закону, по которому вышестоящее измерение может управлять нижестоящими измерениями, которые в свою очередь должны подчиняться вышестоящим измерениям.

Первые небеса – это физическая вселенная, включающая Землю, Солнце, Луну и видимые нами звезды, и которая относится к первому измерению. Это – физический мир, поэтому все в нем меняется, стареет и умирает. Пространство вторых небес находится во втором измерении. Вторые небеса разделены, в основном, на две зоны – свет и тьму. На территории света – Эдем, где расположен Эдемский сад. К Эдему примыкает зона тьмы, где в воздухе господствуют злые духи.

Третье измерение – это Царство Небесное, третьи небеса. Здесь будут вечно жить спасенные дети Божьи. Для них приготовлены различные места обитания, которые зависят от меры их веры. В центре Небесного Царства – Новый Иерусалим, где расположен Престол Божий. Четвертое измерение – это четвертые небеса, пространство, в котором существовал изначальный Бог как Свет и Голос. Это четвертые небеса, откуда Бог Троица правит всем – третьими, вторыми и первыми небесами, являя дела сотворения, которые преодолевают время и пространство.

Это таинственное четырехмерное пространство является пространством Бога. Это удивительной красоты место, где обитал изначальный Бог. Никто не может войти туда, кроме Бога Троицы и нескольких личностей, у которых есть специальное разрешение, данное Богом.

Пространство Бога – это нескончаемая территория, на которой Бог может сделать так, чтобы исчезали существующие вещи, и сотворить что угодно из ничего. Субстанции там существуют в виде жидкости, газа и твердых веществ. Только те, кто обладают надлежащей подготовленностью, могут войти в эту зону. А теперь, давайте, познакомимся с этим таинственным и чудесным пространством Бога.

Сердце Бога – это пространство Бога

Пространство, в котором Бог существовал до начала времен, – это духовное пространство, невидимое для наших глаз. Это была одна огромная территория, и в то время духовный мир и физический мир не были разделены. Бог существовал в виде прекрасного сияющего света с мелодичным голосом. Он проницал всю вселенную, владычествуя над всем в полном одиночестве.

Бог Сущий держал в Своем сердце всю вселенную. Другими словами, Его сердце вмещало все пространство вселенной. Позвольте мне привести пример, чтобы было легче понять, что значит «держать пространство в сердце». Если вы вспомните свой родной город, то сможете представить себе, как он выглядит. Или если вы подумаете о ком-то, кого вы любите, и предадитесь воспоминаниям о том времени, когда вы были с этим человеком, то невольно ваши мысли уже будут в том месте, где вы были с ним\с ней.

Что касается Бога, то Он может присутствовать в любой точке вселенной, преодолевая время и расстояние. Он просто держит ее в Своем сердце. Мы, говоря, что Бог Вездесущ, имеем в виду это его качество. Благодаря тому, что Он Вездесущ, Он может держать каждый уголок вселенной в Себе и господствовать надо всем.

В Псалме, 67:33-34, говорится: *«...воспевайте Господа, шествующего на небесах небес от века. Вот, Он дает гласу Своему глас силы».* Слова «шествующего на небесах небес» означают, что Бог всецело господствует над всеми пространствами – от первых и до четвертых небес. Тут сказано о силе Его голоса, но он не уловим для нашего слуха. Когда Бог говорит своим изначальным голосом Творца, то все во вселенной повинуется Ему, и Его власть и величие сотрясут вселенную.

Овладеть пространством Бога

Бог желает, чтобы Его возлюбленные дети овладели пространством Бога и правили всеми другими пространствами. Но чтобы овладеть пространством Бога, нужно соблюсти законы любви и справедливости, установленные Богом для возделывания человечества. Это обязательное условие. Справедливость – это закон и правила. Подобно тому, как есть множество законов, регулирующих жизнь общества, и Правила уличного движения, есть и Закон Божий, и в этом справедливость Божья.

Что значит овладеть пространством? Это означает полностью принять это пространство в свое сердце. Конечно же объять своим сердцем Божье пространство не означает, что мы будем такими же вездесущими как Бог. Это лишь означает, что в физическом мире могут происходить необыкновенные вещи, если на него сойдет Божье пространство.

Бог поделил пространства; Он сделал это, исходя из принципов справедливости и любви, соответствующих каждому пространству. По мере того как мы поднимаемся в более высокие измерения – от первых до вторых, третьих и четвертых небес, измерение справедливости становится шире и глубже. Каждое из небес содержится в идеальном порядке. Все пространства находятся в разных измерениях справедливости, потому что каждое из небес находится в различном измерении любви. Любовь и справедливость невозможно разделить. Чем более глубоким становится измерение любви, тем, соответственно, глубже измерение справедливости.

Когда Иисус простил женщину, совершившую прелюбодеяние, Он показал пример любви, которая превозносится над судом (От Иоанна, 8). Когда женщину уличили в прелюбодеянии, люди, которые судили по справедливости первых небес, утверждали, что они должны немедленно забить ее камнями. Но Иисус, в Ком была справедливость четвертых небес, сказал: *«...Я не осуждаю тебя; иди и впредь не греши»* (От Иоанна, 8:11). В этой справедливости содержится истинная любовь.

Мы можем овладеть пространством Бога и свободно перемещаться из пространства в пространство только тогда, когда в нас в полном объеме присутствуют Божья любовь и справедливость. Тогда мы сумеем понять правила духовного мира и видеть все, что происходит в этом физическом мире. Иисус, совсем не имевший грехов, умер на кресте вместо грешников. Так как в Нем была любовь, которая превышала справедливость, то Иисус мог являть удивительные деяния Божьей силы. Он мог, к примеру, исцелить от смертельных болезней и остановить ветер и волны. Он был способен также читать мысли и желания людей, принадлежавших к первому измерению.

Те, кто принадлежат к первому измерению, связаны ограничениями во времени и физическом пространстве. Но, приняв Иисуса Христа и родившись вновь от Святого Духа, мы можем избавиться от этих ограничений в той мере, в какой мы возделали наше сердце в сердце духовное. Если мы станем людьми духа и полноты духа, которые принадлежат к третьему измерению духовного мира, то враг, дьявол и сатана, обитающий во втором измерении, будет бояться нас, хотя мы физически находимся в первом измерении.

В Бытии, 1:28, говорится: *«И благословил их Бог, и сказал им Бог: плодитесь и размножайтесь, и наполняйте* землю, *и обладайте ею, и владычествуйте над рыбами морскими, и над птицами небесными, и над всяким животным, пресмыкающимся по земле».* Адам был живым духом. Будучи духовным существом, он жил на вторых небесах и мог владычествовать надо всем, что относилось к первым небесам.

Точно так же и мы, познав справедливость и любовь Божью, которые относятся к четвертым небесам, можем являть силу Божью, присущую четвертым небесам и выходящую за рамки человеческих ограничений. Вот почему Иисус в Евангелии от Иоанна, 14:12, обещал: *«Истинно, истинно говорю вам: верующий в Меня, дела, которые творю Я, и он сотворит; и больше сих сотворит, потому что Я к Отцу Моему иду».*

В пространстве Бога совершаются дела сотворения

В пространстве Бога мы можем достичь всего согласно нашим желаниям. Прежде всего в нем будут происходить дела творения. Дела творения Бог совершал, когда создавал Небеса, землю и все, что в них. Иисус, владея пространством Бога, также совершал дела творения. Одним из лучших примеров этого является первое чудо, с которого Он начал Свое служение, и это – превращение воды в вино.

На свадьбе, на которой Он присутствовал, закончилось вино. И Дева Мария, пожалев хозяина, попросила Иисуса помочь ему. Сначала показалось, что Он отклонил просьбу Марии. Но Мария не огорчилась и не поколебалась в вере. Она прекрасно знала, Кем был Иисус и что Ему ничего не стоит сделать вино из воды. Мария верила, что уже получила ответ от Иисуса и поэтому сказала слугам делать все, что скажет Иисус.

Иисус, видя веру Марии, сказал слугам наполнить водой сосуды. Когда слуги наполнили водой шесть каменных водоносов, Иисус велел им: «...почерпните и несите к распорядителю пира». Когда распорядитель попробовал, то оказалось, что вода превратилась в вино. Лишь приняв просьбу Марии сердцем, Иисус превратил воду в шести водоносах в отличное вино.

В пространстве Бога подобные дела творения могут происходить, если их просто держать в сердце. Конечно же Иисус являл подобные дела творения, когда только это было допустимо по справедливости Божьей, а не в любое время. Это чудо стало возможным, потому что совершенная вера Марии удовлетворяла критериям Божьей справедливости.

Иисус накормил тысячи людей пятью хлебами и двумя рыбами, а в другой раз — семью хлебами и двумя рыбами. Какие принципы справедливости Божьей соответствуют исполнению этого чуда? *«Иисус же, призвав учеников Своих, сказал им: жаль Мне народа, что уже три дня находятся при Мне, и нечего им есть; отпустить же их неевшими не хочу, чтобы не ослабели в дороге»* (От

Матфея, 15:32).

Тысячи людей находились с Иисусом три дня подряд, горя желанием услышать, как Он проповедовал. Они слушали Иисуса, и все вместе радовались, когда больные исцелялись. Их вера в Иисуса была совершенной, по крайней мере в тот момент. К этой вере была добавлена любовь Иисуса, и этим настолько была восполнена справедливость Божья, что стало возможным совершить дело творения.

Вдова из Сарепты на своем опыте испытала дела творения

Подобные дела творения описаны и в 17-й главе 3-й книги Царств. Когда Илия пришел в Сидон, он встретил страдавшую от нищеты вдову из Сарепты, которая была послушна Слову Божьему. Из-за долгой засухи ни у кого не было еды. Все что у нее было – это горсть муки и немного масла. Илия велел ей испечь хлеб из последней муки, произнося слова благословения: *«Ибо так говорит ГОСПОДЬ, Бог Израилев: мука в кадке не истощится, и масло в кувшине не убудет до того дня, когда ГОСПОДЬ даст дождь на землю»* (3-я кн. Царств, 17:14).

Услышав это, вдова из Сарепты не стала возражать, а подчинилась. По здравому рассуждению, кажется, что в ее положении это невозможно сделать. Она была на грани смерти и все, что у нее было, – это крохи еды, а тут человек просит отдать ему последнее. Она могла бы счесть его просто бессовестным. Но она так не подумала. Бог расположил ее сердце и дозволил ей распознать в нем Божьего человека, и она покорилась тому, что он ей велел сделать.

Какое же благословение было дано ей впоследствии? В 3-й книге Царств, 17:15-16, говорится: *«И пошла она и сделала так, как сказал Илия; и кормилась она, и он, и дом ее несколько времени. Мука в кадке не истощалась, и масло в кувшине не убывало, по слову ГОСПОДА, которое Он изрек чрез Илию»*.

«Несколько времени» здесь означает не несколько дней, а долгий период времени. Мука и масло не кончались благодаря делам творения. Как же мог Илия являть такие дела творения, которые возможны только в пространстве Бога?

Илия не владел пространством Бога, но на тот момент, хотя и не вполне, он смог постичь сердце Божье и принять Его волю. Его понимание сердца Бога было ограничено только определенными вещами, рассчитанными на определенный период времени. Иногда Бог дозволяет людям прочитать Его сердце, чтобы исполнилась Его воля.

Елисей получил вдвое большее помазание, чем его наставник Илия, но так как Бог не дозволил ему понять, он и не понял, что печалит сердце женщины-сонамитянки. Она усердно служила человеку Божьему Елисею и по пророчеству его родила сына. Однако сын ее неожиданно умер, и когда это случилось, она сразу же пришла к Елисею. И пока она ни сказала ему, что произошло, он не мог понять, чем она огорчена: *«Когда же пришла к человеку Божию на гору, ухватилась за ноги его. И подошел Гиезий, чтобы отвести ее; но человек Божий сказал: оставь ее, душа у нее огорчена, а ГОСПОДЬ скрыл от меня и не объявил мне»* (4-я кн. Царств, 4:27).

Для того чтобы читать сердце Божье и использовать Его пространство, очень важно возделать сердце полноты духа с тем, чтобы полностью доверять Богу и повиноваться Ему. Илия, Авраам, Моисей и Павел использовали пространство Бога, потому что их сердце обрело полноту духа. Когда Бог велел им что-то делать, они понимали намерение Бога, заключенное в этом повелении. Они чувствовали, как Бог будет действовать, могли видеть в духе своем картину этого и поэтому доверять Ему.

Илия смело проповедовал Бога Живого и низвел огонь с небес, потому что он сердцем своим чувствовал, что Бог будет делать. Точно так же было и тогда, когда он попросил вдову из Сарепты отдать ему все, что оставалось у нее из еды. Если мы полностью доверяем Богу, то можем повиноваться даже тому, в чем, казалось бы, вовсе нет смысла. И если мы поступим именно так, то все произойдет по слову Бога. Вдова на себе испытала дела творения, потому что они оба, и вдова и Илия, удовлетворяли критериям справедливости Божьей.

Вдова доверилась человеку Божьему, Илии, и поверила его слову так же, как Слову Божьему. Она покорилась сказанному им без колебаний, не предаваясь человеческим размышлениям. Поэтому ей удалось приобщиться к Божьему пространству, которое использовал Илия.

Во 2-й книге Паралипоменон, 20:20, мы читаем:

«...Верьте ГОСПОДУ, Богу вашему, и будьте тверды; верьте пророкам Его, и будет успех вам».

Полностью доверяя Богу, Илия пользовался возможностями Божьего пространства, которое принадлежит исключительно Богу. Вдова всецело доверяла Илии, и поэтому пространство Бога сошло на них, и они увидели дела творения. Как и в предыдущем случае, Бог покрывает людей Божьим пространством, если они с верой и послушанием объединяются с людьми Божьими, которые способны задействовать Божье пространство.

Три друга Даниила вышли невредимыми из печи

Три друга Даниила были брошены в раскаленную печь, потому что они отказались поклониться идолу. Печь была раскалена в семь раз сильнее обычного, и воины, которые подошли близко к печи, чтобы бросить в нее трех друзей, погибли от пламени. Очевидно, что трое друзей тоже должны были погибнуть в огне. А что произошло на самом деле?

В Книге пророка Даниила, 3:24-25, говорится: *«Навуходоносор царь изумился, и поспешно встал, и сказал вельможам своим: не троих ли мужей бросили мы в огонь связанными? Они в ответ сказали царю: истинно так, царь! На это он сказал: вот, я вижу четырех мужей несвязанных, ходящих среди огня, и нет им вреда; и вид четвертого подобен сыну Божию».*

В раскаленную печь, несомненно, были брошены трое, однако в ней оказалось четверо. Царю показалось, что один из них был подобен сыну Божьему. Как правило, духовные существа невидимы для людей, но Бог открыл духовные глаза царя и позволил ему увидеть духовное создание в печи. После того как трое мужей вышли из печи, люди увидели, что огонь не имел силы над телами этих мужей: и волосы на голове их не опалены, и одежды их не изменились, и даже запаха огня не было от них (Кн. пророка Даниила, 3:27).

Как такое могло произойти? Три друга Даниила были защищены, потому что пространство Божье покрыло их. Этот вывод мы можем сделать, исходя из вышесказанного о том, что с ними был сын Божий. Конечно же Навуходоносор был язычником и верил, что он был сыном Бога.

Так, кто же был этот «сын Божий»? Им был Бог Дух Святой. Сам Бог Дух Святой сошел к ним, и Божье пространство покрыло физическое пространство.

Моисей превратил горькую воду Мерры в сладкую

В главе 15-й Книги Исхода описана сцена превращения горькой воды Мерры в сладкую воду, и это также является событием, произошедшим в пространстве Бога. Сыны Израилевы пересекли Красное море и пришли в пустыню, где они три дня не могли найти никакой воды. Они нашли воду только в Мерре, но ее нельзя было пить, потому что она была горькой. И тогда они возроптали против Моисея. Когда Моисей помолился об этом, Бог показал ему дерево. После того как он бросил его в воду, она превратилась в сладкую. Разве дерево содержит в себе какие-то элементы, которые могут изменить вкус воды? Нет. Бог покрыл воду Божьим пространством и явил дела творения, учтя веру и послушание Моисея.

Аналогичное деяние творения Божьего было явлено и в нашей церкви, что принесло великую славу Богу. Я молился в Сеуле о том, чтобы соленая вода в Муане превратилась в сладкую, и моя молитва была услышана.

Вода эта была из колодца вблизи церкви Муан Манмин. Она расположена в Хадже Меён, Муан Гун, провинции Чоннам. Эта территория полностью окружена морем, и когда они бурили скважины, то из них шла только соленая вода. Они соорудили трехкилометровый трубопровод до другого места, чтобы добыть пресную воду, но ее все равно не хватало. Члены церкви Муан Манмин вспомнили о чуде, совершенном в Мерре, и, веря в то, что подобное может произойти и у них, молились об этом. Они много раз просили меня приехать в Муан и помолиться о том, чтобы соленая вода превратилась в питьевую.

В феврале 2000 года я удалился на десять дней в горы молиться, где усердно молился за церковь Муан Манмин. В это время члены церкви Муан Манмин также находились в посте и молитве за церковь и за меня, и каждый день, в течение десяти дней, они видели круговые радуги над своей церковью.

После окончания молитвенного поста в горах, Святой Дух побудил меня молиться за то, чтобы соленая вода Муана превратилась в сладкую. Я не ездил в Муан, чтобы лично молиться у колодца, но Бог действовал, преодолевая время и пространство, и соленая вода стала сладкой.

Моя молитва и вера членов церкви Муан Манмин удовлетворяли требованиям Божьей справедливости и сделали возможным свершение чуда творения. И по сей день из скважины у церкви Муан Манмин течет сладкая вода. Потому что она покрыта пространством Бога Творца. Пробы FDA (Управления по контролю за пищевыми продуктами и лекарственными препаратами США) подтвердили качество этой воды и ее насыщенность минералами. Благодаря этой воде произошло множество случаев исцеления, поэтому поток паломников в эту церковь не прекращается.

Мертвые воскресают

В пространстве Бога происходят не только дела творения, но также и осуществляется контроль над жизнью и смертью. Оно может воскресить мертвых или убить живых. Это относится ко всему живому, будь то растения или животные.

В Числах, в главе 17-й, пишется о том, как жезл Аарона расцвел и пустил почки. Это стало возможным, потому что он был покрыт пространством Бога. На сухом безжизненном жезле распустились почки, зацвел и поспел миндаль в течение одного дня. Чтобы живое, растущее дерево принесло плоды, требуются месяцы, а сухой и безжизненный жезл дал плод за один день. Это стало возможным благодаря тому, что жезл был покрыт пространством Бога.

Когда Иисус проклял смоковницу, она вскоре засохла, потому что она тоже была покрыта пространством Бога: *«И увидев при дороге одну смоковницу, подошел к ней и, ничего не найдя на ней, кроме одних листьев, говорит ей: да не будет же впредь от тебя плода вовек. И смоковница тотчас засохла. Увидев это, ученики удивились и говорили: как это тотчас засохла смоковница?»* (От Матфея, 21:19-20).

То же самое относится и к воскресению Лазаря Иисусом. В главе 11-й Евангелия от Иоанна мы читаем, что Лазарь был мертв уже четыре дня, и тело его уже издавало неприятный запах. Но когда Иисус позвал его выйти, дух возвратился к Лазарю, и его разлагающееся тело возродилось. То, что невозможно для физического пространства, в одно мгновение становится возможным в пространстве Бога.

В нашей церкви был подросток, который полностью ослеп на один глаз, но зрение его было восстановлено. Когда ему было три года, ему делали операцию по удалению катаракты на левом глазу, однако после операции возникли осложнения, развилась тяжелая форма увеита и произошло отслоение сетчатки. Сетчатая оболочка глаза отделилась от сосудистой оболочки, и ребенок не мог нормально видеть. Ситуация осложнялась тем, что у него возникла атрофия глазного яблока, то есть уменьшение размера глазного яблока. В результате, в 2006 году он полностью потерял зрение в левом глазу.

Однако в июле 2007 года после молитвы к нему вернулось зрение. Его левый глаз прежде даже не реагировал на свет, а теперь его зрение 0.1. Уменьшившееся глазное яблоко восстановилось до нормального размера. Кроме того, он стал лучше видеть правым глазом, зрение которого возросло с 0.1 до 0.9. Этот случай исцеления, подтвержденный результатами тщательного медицинского обследования, был представлен 220-ти врачам из 41-й страны на 5-й Международной христианской медицинской конференции, которая прошла в Норвегии. Наряду с другими представленными случаями исцеления, этот был выделен как один из самых впечатляющих.

Тот же самый принцип применим ко всем другим органам, тканям и нервам. Даже если нервы, клетки или ткани атрофировались в результате несчастного случая или болезни, они могут вновь восстановиться, если их покроет Божье пространство. В Божьем пространстве может быть исцелено любое увечье. Кроме того, вирусные и инфекционные болезни, рак, СПИД, туберкулез, простуда, высокая температура – все это может быть исцелено в Божьем пространстве.

В случае болезни, сначала сходит огонь Святого Духа и сжигает все микробы и вирусы. После этого часть тела, поврежденная болезнью, восстанавливается. Даже супружеские пары, страдающие бесплодием, могут зачать ребенка, если их несовершенное тело будет покрыто пространством Бога и таким образом восстановится. Но чтобы исцелиться от болезней и немощей, оказавшись под покровом Бога, человек должен удовлетворять требованиям Божьей справедливости.

Деяния, преодолевающие время и расстояние

Деяния силы, совершаемые в пространстве Божьем, могут преодолевать рамки времени и расстояния. Это возможно, потому что пространство Божье превосходит другие измерения и покоряет их. В Псалме, 18:5, говорится: *«По всей земле проходит звук их, и до пределов вселенной слова их. Он поставил в них жилище солнцу»*. Это означает, что Слово Божье, произнесенное на четвертых небесах, проходит через всю вселенную до края земли.

Даже огромное расстояние в физическом пространстве первых небес в пространстве Бога равносильно отсутствию расстояния. Свет за одну секунду огибает Землю семь с половиной раз. Но свет Божьей силы может достичь не только конца Земли, но и конца вселенной в мгновение ока. В пространстве Бога физические расстояния не имеют никакого значения.

В 8-й главе Евангелия от Матфея к Иисусу подошел сотник и попросил исцелить его больного слугу. Иисус сказал, что Он придет и исцелит его, но сотник ответил: *«Господи! я недостоин, чтобы Ты вошел под кров мой, но скажи только слово, и выздоровеет слуга мой»* (ст. 8). И тогда Иисус ответил ему: *«Иди, и, как ты веровал, да будет тебе...»* (ст. 13). И в тот же час слуга его выздоровел.

Больной человек, находившийся в другом месте, был исцелен по слову Иисуса, потому что Он обладал пространством Божьим. А сотник смог получить это благословение, потому что он продемонстрировал абсолютную веру в Иисуса. Иисус также отметил его веру, сказав: *«Истинно говорю вам, и в Израиле не нашел Я такой веры»* (ст. 10).

Тем детям Своим, которые едины с Ним в вере, Бог всегда являет дела Своей силы, преодолевая время и расстояние. Синтия в Пакистане умирала от кишечной непроходимости и глютеновой болезни. Сестра Синтии была в то время в Корее, и она принесла мне фотографию Синтии, чтобы я помолился над ней. Исцеление произошло вопреки времени и расстоянию. И Роберт Джонсон из Соединенных Штатов тоже получил исцеление по молитве, преодолевающей время и расстояние. При падении у него произошел разрыв пяточного сухожилия. Он не мог ходить из-за сильной боли. Ему сказали, что необходима операция, но он сможет ходить только с протезом. Однако он получил полное исцеление за девять недель без всякого хирургического вмешательства, а благодаря молитве, произнесенной в Корее. Это было деяние Божьей силы, проявившееся в пространстве Бога.

Необычайные дела апостола Павла

В Деяниях, в главе 19-й, говорится о том, что Бог совершал необыкновенные чудеса руками апостола Павла. Когда он приказывал именем Иисуса Христа, злые духи выходили из одержимых, а больные исцелялись даже от платков и опоясания, которые он носил. Он не пострадал от укуса ядовитой змеи, и он мог пророчествовать: *«Бог же творил немало чудес руками Павла, так что на больных возлагали платки и опоясания с тела его, и у них прекращались болезни, и злые духи выходили из них»* (Деяния, 19:11-12).

Таким образом, в Божьем пространстве могут происходить мощные Божьи деяния через такие предметы, как платки. Как же это удивительно! Множество деяний по исцелению происходит и через платки, над которыми я помолился. Если не нарушаются принципы Божьей справедливости, сила Божья никуда не исчезает и не ослабляется, сколько бы времени ни прошло. Таким образом, платки, в которых содержится сила Божья, очень ценны, ибо могут открыть пространство Божье, независимо от времени и места.

Но если человек, у которого нет веры, использует платок для порочных целей, то деяний Божьих не произойдет. Требованиям Божьей справедливости должен соответствовать не только тот, кто молится с платком, но и те, за кого он молится. Они также должны верить в то, что платок наделен силой Божьей. Вера того, кто молится за больных, и вера больного человека будут тщательно измерены, и деяния Божьи произойдут в том объеме, в каком это соответствует принципам Божьей справедливости.

Иисус Навин остановил солнце и луну

Причина, по которой высшие измерения могут подчинять себе низшие, заключается в том, что в них разные сила света и течение времени. В высших пространственных измерениях свет ярче, а течение времени – быстрее. Свет четвертых небес ярче света третьих, а он, в свою очередь, ярче, чем на вторых небесах.

Что касается течения времени, то на вторых небесах оно

быстрее, чем на первых, и еще быстрее – на третьих небесах. Однако на четвертых небесах течение времени может быть как быстрым, так и медленным. Оно управляется сердцем Бога. Бог может продлить его, сократить или совсем остановить.

Дела творения, воскрешение из мертвых и Божественное исцеление, происходящие вне времени и пространства, возможны благодаря остановке потока времени. Вот почему какое-то определенное событие может произойти, если оно хранится в вашем сердце или как только будет указание к этому.

Когда Иисус Навин сражался с Аморреями, солнце и луна остановились, и это удлинило течение времени. В Книге Иисуса Навина, 10:13, говорится: *«И остановилось солнце, и луна стояла, доколе народ мстил врагам своим...»*. Это произошло тогда, когда Иисус сражался с Аморреями, во время завоевания Ханаанской земли. Что на первых небесах может вызвать остановку солнца на весь день?

За одни сутки Земля должна сделать оборот вокруг своей оси, но если солнце остановится, то и Земля прекратит свое вращение. Если Земля перестанет вращаться хотя бы на мгновение, то это чревато серьезными последствиями не только для самой Земли, но и для многих других небесных тел. Как же солнце может остановиться на весь день?

Ответ на этот вопрос можно найти в пространстве Бога. В тот момент под покровом Божьего пространства находилась не только земля, но и все первые небеса. И тогда, по крайней мере на тот момент, все происходящее на первых небесах было синхронизировано с течением времени в духовном мире. Это течение времени было растянуто. Солнце остановилось на весь день, так что людям казалось, будто прошло много времени. Но на самом деле это могла быть лишь одна минута, или даже секунда.

В тот момент все первые небеса были в потоке времени духовного мира, так что физический поток времени не имел значения. Даже если только часть первых небес, а не все первые небеса были бы покрыты Божьим пространством, не возникло бы никаких проблем, потому что в других частях физического пространства продолжалось бы течение времени физического пространства.

Илия бежал быстрее колесницы царя

В Библии мы находим случай, когда поток времени ускорился. Это произошло, когда Илия бежал впереди колесницы царя Ахава, о чем рассказывается в 18-й главе 3-й книги Царств. Сокращение потока времени – явление, противоположное расширению потока времени. Предположим, что человек находится под покровом четвертого измерения в течение одного часа физического времени. Бог в Своем пространстве может укоротить этот час, если захочет. Если Он сократит его до 30 минут, то это не означает, что остальные 30 минут исчезнут. Это означает, что один час сожмется до 30 минут.

Предположим, что вы разложили ткань длиной в 100 метров и пробежали по ней из конца в конец за 20 секунд. А сколько это займет времени, если вы сложите ткань вдвое? Это будет 50 метров, которые вы пробежите за 10 секунд. Если сложить ткань еще раз, то и длина, и время сократятся. Но ткань при этом не исчезнет.

Нечто подобное происходит и с ускорением времени в пространстве Бога. Илия бежал со своей обычной скоростью, но он смог опередить колесницу царя, потому что был в ускоренном потоке времени. Например, самолеты летят со скоростью 900 км в час, однако в салоне самолета пассажиры не чувствуют скорости.

В 3-й книге Царств, 18:46, мы читаем: *«И была на Илии рука ГОСПОДНЯ. Он опоясал чресла свои и бежал пред Ахавом до самого Изрееля»*. Царь Ахав гнал свою колесницу, чтобы его не настиг дождь, а Илия бежал быстрее его колесницы. Он мог бежать быстрее, так как ему было предоставлено Божье пространство, в котором нет ограничений для времени и пространства. Библия говорит: «И была на Илии рука ГОСПОДНЯ». Тело Илии было под покровом силы Божьей, поэтому с ним могло произойти то, что находится за пределами ограниченных человеческих возможностей.

Перемещение в духовном пространстве

В Деяниях, в 8-й главе, Филипп, под водительством

Святого Духа, встретил евнуха из Ефиопии на пути из Иерусалима. Он благовествовал евнуху об Иисусе Христе и даже крестил его. Филипп находился в пустыне на пути в Газу, но в одно мгновение оказался в Азоте. Это, на самом деле, было перемещением в духовном пространстве, которое аналогично телепортации: *«Когда же они вышли из воды, Дух Святой сошел на евнуха, а Филиппа восхитил Ангел Господень, и евнух уже не видел его, и продолжал путь, радуясь. А Филипп оказался в Азоте и, проходя, благовествовал всем городам, пока пришел в Кесарию»* (Деяния, 8:39-40).

Чтобы произошла телепортация, человек должен пройти сквозь духовный коридор, образованный пространством Бога. Поскольку течение времени в этом духовном коридоре останавливается, то человек может в нем телепортироваться.

Бог позволил членам нашей церкви косвенно испытать подобные перемещения в духовном пространстве. Это происходило со стрекозами. Стрекозы из других мест появлялись у нас и исчезали через духовный коридор, образованный Божьим пространством.

Множество стрекоз появлялось там, где мы проводили летние ретриты; они поедали комаров и других вредных насекомых. Стрекозы на это время перемещались к нам из других мест. Такие необычные перемещения стрекоз начались в 2006 году. В зависимости от положения духовного коридора, подобные перемещения могут быть горизонтальными или вертикальными.

Что удивительно, эти стрекозы не боятся членов нашей церкви, и когда те зовут их, они садятся им на кончики пальцев, плечи и другие части тела. Стрекозы, к тому же, приносят пользу, так как едят назойливых насекомых, которых великое множество в летнее время. Я с детства помню, что было очень трудно поймать даже одну стрекозу. Почувствовав малейшее движение человека, они сразу же улетают. В Сеуле уже давно не видно ни одной стрекозы, так что появление множества стрекоз – определенно Божье деяние.

В следующем, 2007-м, году стрекозы стали появляться с начала июля. Обычное время для стрекоз – это конец лета и осень. Личинки стрекоз, проходя сквозь духовный коридор, успевали стать зрелыми стрекозами. За то время, что они проходили через пространство четвертого измерения, процесс их созревания ускорялся. Поэтому стрекозы смогли появиться намного раньше обычного для них времени.

А в 2008 году необычным было не только время их появления, но и их количество. Несметное число стрекоз устремилось с небес в первую же неделю июля. Различные миссионерские группы нашей церкви проводили ретриты в разных районах Южной Кореи, и все члены церкви стали свидетелями того, как стрекозы вертикально опускались к ним прямо от солнца. Стрекозы не перемещались горизонтально в другие определенные места. Они опускались вниз и оставались там, куда прилетели, и их можно было видеть сидящими на руках, лицах или плечах членов церкви.

В тот год темой летнего ретрита было «Духовное

пространство», так что радость верующих была необыкновенной. Они смогли внимать проповеди, имея реальный пример – стрекоз, перемещающихся в духовном пространстве. Благодаря этому ретриту, вера членов церкви поднялась на новый уровень. Точно такие же деяния происходили и в других филиалах церкви, и не только в Корее, но и в других странах мира.

То же самое повторилось и летом 2009 года. Каждая миссия проводила свой летний ретрит, и стрекоз прилетело намного больше, чем в предыдущем году. Верующие видели десятки тысяч стрекоз, появлявшихся со стороны солнца через открытые ворота духовного пространства. Пока они спускались с неба, они искрились и выглядели, как хлопья снега.

Когда сыны Израилевы пересекали Красное море, ветер разделил воды моря, и был сформирован духовный коридор. Каким же же сильным должен быть ветер, чтобы разделилось море! Человек не смог бы устоять на ногах при таком ветре. Однако более двух миллионов Израильтян спокойно шли при таком ветре. Чтобы заблокировать ветер, который мог повредить людям, но при этом дать им возможность перейти посуху, и был сформирован духовный коридор. А что произошло, когда они пересекали реку Иордан, чтобы войти в землю Ханаанскую?

В Книге Иисуса Навина, 3:15-16, говорится: *«... лишь только несущие ковчег вошли в Иордан и ноги священников, несших ковчег, погрузились в воду Иордана (Иордан же выступает из всех берегов своих во все дни жатвы пшеницы), вода, текущая сверху, остановилась и стала стеною на весьма большое расстояние, до города Адама, который подле Цартана; а текущая в море равнины, в море Соленое, ушла и иссякла».*

Там, где проходили сыны Израилевы, потоки шедшей сверху воды собрались стеной, а после них вода продолжала течь потоком. На время их перехода было создано духовное пространство, по форме напоминающее дамбу.

Возможности использования разных духовных коридоров

Если мы сможем успешно пользоваться духовным коридором, то нам удастся контролировать и погодные условия. Возьмем, к примеру, два региона: один из них страдает от наводнения, а другой – от засухи. Если мы переместим дождевые облака в засушливую зону, то сможем одновременно разрешить проблемы в обоих регионах.

Примером этого является неожиданный ливень, прошедший в Израиле. В сентябре 2009 года я молился, готовясь к евангелизационному фестивалю в Израиле. Это было трудное для Израиля время, так как пять последних лет там держалась сильная засуха. Пасторы в Израиле рассказали мне об этой ситуации и попросили помолиться об этом.

В случае, когда просьба затрагивает национальные интересы, чтобы получить ответ, должны быть соблюдены определенные условия. А именно: президент или кто-либо из лидеров столь же высокого ранга, или же большинство населения этой страны должны с верой просить о молитве. Однако, сожалея о происходящем, я молился о дожде в Израиле первый и второй дни фестиваля, чтобы прекратить засуху.

И что же случилось в результате? В Израиле климатические сезоны резко делятся на периоды дождей и периоды засухи. Сентябрь относится к засушливому времени года, поэтому осадки в этом месяце выпадают крайне редко. Иногда к концу октября может пойти небольшой дождь. Сезон дождей фактически начинается в декабре и длится до февраля следующего года. Но тогда, из-за продолжительной засухи, уровень Галилейского моря был ниже «красной черты», которая составляет 213 метров. При падении уровня воды ниже этой отметки брать воду из моря не разрешается.

На следующий день, после окончания межкультурного фестиваля, на севере Израиля пошел дождь. 13 сентября, в воскресенье, выпало значительное количество осадков в Иерусалиме и Тель-Авиве. Израильские пасторы радовались и воздавали хвалу Богу за то, что после моей молитвы пошел дождь. Но на этом все не закончилось. На следующей неделе выпало еще больше осадков, и Департамент водных ресурсов Израиля сообщил, что количество осадков за два дня соответствовало среднему уровню осадков за сентябрь и октябрь. Согласно справедливости Божьей, это было невозможно, но Бог, чья милость превозносится над судом, услышал молитву и послал им дождь.

В разных странах мира часто случаются тайфуны и ураганы, которые приносят множество бедствий. Если мы сможем направить движение тайфунов и ураганов в безлюдные места, то не будет никаких разрушений.

Так, два тайфуна приближались к Филиппинам, когда в 2001 году я приехал туда для проведения христианской конференции. Разрушительный ветер двух тайфунов, «Нари» и «Лекима», приближался к Филиппинским островам. Если бы они шли согласно прогнозам, то мы бы не смогли провести там служение евангелизации. На пресс-конференции репортеры спросили: состоится ли фестиваль в таких условиях?

И я сказал им тогда: «Тайфуны потеряют силу и изменят направление. Во время служения не будет ни тайфуна, ни дождя, поэтому, пожалуйста, постарайтесь прийти». Прямо перед фестивалем «Нари» полностью угас, а «Лекима» неожиданно изменил курс, пройдя мимо Филиппин. И мы провели евангелизационное служение без всяких осложнений.

Используя пространство Божье, мы можем остановить не только тайфуны, но и другие стихийные бедствия, например, вулканические извержения или землетрясения. Мы можем просто покрыть источники возникновения извержения вулкана или землетрясения пространством Бога, и если это соответствует критериям Божьей справедливости, то бедствие можно будет предотвратить. Например, чтобы остановить катастрофу, которая может принять национальный масштаб, о молитве должен попросить лидер страны. Кроме того, даже если духовное пространство будет открыто, то это вовсе не означает, что справедливость первых небес будет при этом полностью игнорироваться. Работа духовного пространства будет ограничена, чтобы не вызвать никакого смятения после того, как покров духовного пространства снимется. Всемогущий Бог управляет всеми Небесами, и Он – Бог Любви и Справедливости.

Любовь, которая превыше справедливости

Бог предсказал Аврааму в 18-й главе Книги Бытия, что произойдет в Содоме и Гоморре, городах погрязших в грехе: *«И сказал ГОСПОДЬ: вопль Содомский и Гоморрский, велик он, и грех их, тяжел он весьма; сойду и посмотрю, точно ли они поступают так, каков вопль на них, восходящий ко Мне, или нет; узнаю»* (Бытие, 18:20-21).

Содом и Гоморра должны были получить наказание за свои грехи согласно закону справедливости, но Бог дозволил Аврааму узнать об этом заранее, потому что там жил его племянник Лот. Таково было сердечное намерение Бога, пожелавшего дать им еще один шанс. И в этом – любовь и справедливость Бога.

Авраам пять раз ходатайствовал перед Богом о спасении Содома. В первый раз он попросил не разрушать город, если в нем найдется хотя бы пятьдесят праведников, а потом просил о сорока пяти, сорока, тридцати, двадцати и, в конечном итоге, сократил это число до десяти: *«[Авраам] сказал: да не прогневается Владыка, что я скажу еще однажды: может быть, найдется там десять? Он сказал: не истреблю ради десяти»* (Бытие, 18:32).

Авраам был обычным творением, но смог просить Бога с таким дерзновением. Это говорит нам о том, что он обладал сердцем Господа и стал единым с Богом. Он с искренней любовью просил, чтобы тронуть сердце Божье и спасти людей, и Бог был растроган его любовью и пообещал ему сделать то, о чем он просил.

Бог действует с любовью в границах справедливости. Поэтому Он хотел проявить милосердие и сострадание перед тем, как наказать Содом и Гоморру. С любовью, которая превышает справедливость, Бог дал им еще один шанс по молитве праведного человека – Авраама.

Содом и Гоморра в конце концов были наказаны, ибо среди них не нашлось даже десяти праведников, но племянник Авраама, Лот, и его семья были спасены. Потому что Лот находился в пространстве Авраама, которого Бог очень любил. Другими словами, Бог настолько сильно любил Авраама, что Он, заботясь об Аврааме, покрыл Лота и его семью духовным пространством.

Я уже объяснял, что в пространстве Бога все управляется любовью и справедливостью Бога. Любовь сводит справедливость на нет, при этом не нарушая ее. Чтобы это было именно так, человек должен возделать свое сердце, соответствующее нормам справедливости четвертых небес. Когда он возделает в себе сердце, единое с сердцем Бога, тогда он сможет являть деяния Божьи, которые превосходят справедливость, не нарушая при этом справедливости четвертых небес.

Проблема в том, как именно человек может возделать в себе сердце Бога. До тех пор пока это не произойдет, он должен с верой и любовью преодолевать неимоверные испытания, которые человеку даже трудно себе представить. Он должен заплатить цену, соответствующую справедливости Божьей, пройдя шаг за шагом все испытания, прежде чем он сможет использовать пространство Божье, и познав справедливость четвертых небес.

У Авраама тоже было множество искушений и испытаний, прежде чем он был назван «другом Бога». Когда ему исполнилось семьдесят пять лет, Бог сказал ему, что от него произойдет великий народ, однако после этого более двадцати лет у него не было детей. А когда ему исполнилось девяносто девять лет, а Саре было восемьдесят девять, и она не могла иметь детей, Бог, наконец, сказал ему, что в следующем году у него родится сын.

Согласно человеческим нормам, это казалось совершенно

невозможным, но Авраам полностью доверял Богу и никогда не сомневался. Бог зачёл веру Авраама за праведность и по его вере позволил родиться Исааку. Исаак рос, становясь замечательным ребенком, но однажды Бог сказал Аврааму принести Исаака в жертву всесожжения. Авраам верил, что Бог сможет оживить сына, даже если он и принесет его в жертву всесожжения. Бог обещал произвести от Исаака многочисленных потомков, поэтому Авраам смог отдать своего единственного сына Исаака безо всяких колебаний, потому что по-настоящему чтил Бога.

После того как Авраам выдержал все искушения и испытания, Бог назвал его Своим другом и отцом веры. А после последнего испытания, когда он должен был принести своего единственного сына в жертву всесожжения, он получил все благословения, какие только может получить человек: потомство, здоровье, богатство и долголетие.

Бог ищет истинных детей, которые могли бы получить благословения и вывести множество душ на путь спасения благодаря молитвам веры и любви, как это делал Авраам. Бог являет дела творения, управляет жизнью и смертью и действует вне пространства и времени, потому что хочет обрести детей, у которых было бы сердце Бога.

В Бытии, 18:17-19, говорится: *«И сказал ГОСПОДЬ: утаю ли Я от Авраама, что хочу делать! От Авраама точно произойдет народ великий и сильный, и благословятся в нем все народы земли, ибо Я избрал его для того, чтобы он заповедал сынам своим и дому своему после себя ходить путем ГОСПОДНИМ, творя правду и суд; и исполнит ГОСПОДЬ над Авраамом, что сказал о нем».*

Если мы поймем основные принципы Божьего пространства, о которых я до сих пор говорил, то мы сможем глубже понять и основные события, описанные в Библии, и тогда мы сможем сами испытать их. Мы сумеем выйти за рамки ограниченных человеческих возможностей, если станем истинными детьми Божьими, веря в Бога и возрождая в себе Его образ, который мы утратили. Поэтому Господь Иисус, перед тем как вознестись на Небеса, сказал: *«...но вы примете силу, когда сойдет на вас Дух Святой; и будете Мне свидетелями в Иерусалиме и во всей Иудее и Самарии и даже до края земли»* (Деяния, 1:8).

Как нам быстрее получить силу Божью и стать свидетелями Господа? Мы должны освящать свое сердце, горячо молиться и войти в полноту духа, чтобы на деле применять возможности Божьего пространства. Нам также следует стремиться возделать полностью Божью справедливость и любовь, чтобы получить право наследовать самое прекрасное место обитания на Небесах – Новый Иерусалим и даже само Божье пространство.

Глава 2.
Божий образ

Человек может возродить в себе Божий образ,
как только станет истинным дитем Божьим с сердцем Бога.
Но это не означает, что он буквально может стать Самим Богом.
Бог может существовать просто как Свет, не имея формы,
или может облечься в определенную форму.

Бог облекся в форму ради возделывания человечества

Человек сотворен по образу Божьему

Мы не можем увидеть Бога напрямую

Величие и облик Бога

Божий образ, увиденный апостолом Иоанном

Причастность к Божьему естеству

Как выглядит Бог? Каково Его величие? Когда человек принимает Иисуса Христа и узнает больше о Боге, ему следует так же больше интересоваться образом Божьим, как и Царством Небесным. Когда дети долгое время не видят родителей, они скучают по ним, с нежностью думают о них. Точно так же глубоко в нашей природе заложена жажда и тяга к Богу.

В Евангелии от Матфея, 5:8, говорится: *«Блаженны чистые сердцем, ибо они Бога узрят»*. Быть чистым сердцем – значит не помышлять о бессмысленных вещах, быть чистым в истине. Это сердце, которое без пятна и порока и которое не позволит нам помышлять о чем-то порочном или грубом. Сказано, что чистые сердцем узрят Бога; а что это означает? Это не означает, что они увидят изначальное Божье естество как таковое. Это означает, что они будут ощущать Божье присутствие, получая все, о чем ни попросят.

Под этим не подразумевается, что люди никогда не смогут увидеть Божьего лика. Это лишь означает, что они не смогут увидеть Божье лицо напрямую (Исход, 33:20). Бог – это

Дух, и так как мы не видим Самого Бога, то мы не можем и достоверно знать, каков он – облик Божий. Но Бог говорит, что мы сотворены по образу Его, поэтому мы можем лишь сделать вывод, что есть что-то общее между обликом Бога и тем, как выглядим мы. И мы можем представить себе, как выглядит Бог, читая Библию, которая открывает нам Бога.

Бог облекся в форму ради возделывания человечества

В Книге Исхода, 3:14, Бог говорит о Себе: *«Я ЕСМЬ СУЩИЙ»*. Совершенное Божеское естество существовало предвечно. Познания людей ограниченны, поэтому мы думаем, что у всего должно быть начало. Только для того чтобы нам было понятно, Бог использует слова «в начале».

Так, в Евангелии от Иоанна, 1:1, мы читаем: *«В начале было Слово, и Слово было у Бога, и Слово было Бог»*. А в Бытии, 1:1, говорится: *«В начале сотворил Бог небо и землю»*.

Бог создал людей тогда, когда Он создавал небеса и землю и все в них, и поэтому в Книге Бытия слова «в начале» устанавливают отношения с людьми. С другой стороны, начало, упомянутое в 1-й главе Евангелия от Иоанна, – это точка отсчета во времени задолго до начала творения. К тому же оно не имеет отношения к людям.

В начале Бог пребывал в пространстве духовного мира, который невидим нашему глазу. Бог существовал как прекрасный сияющий свет и управлял всем, паря поверх всех пространств вселенной. Бог имеет и человеческие, и Божественные качества, поэтому Он запланировал возделывание человечества, целью которого было обрести истинных детей. Для этого Он и начал существовать как Троица: Отец, Сын и Святой Дух.

Как раз в это время Бог обрел образ. В Бытии, 1:26, говорится: *«И сказал Бог: сотворим человека по образу Нашему и по подобию Нашему...»*.

Конечно же образ этот – не физическая форма, как у людей. Бог, Кто есть Дух, облекся в духовную форму. Ангелы, небесное воинство или херувимы – это духовные существа, но они обладают соответствующей формой. Вначале у Бога не было определенной формы, но в какой-то момент Он ее принял.

Бог Троица облекся в форму ради нас, людей, и когда Он сотворил землю, предназначенную для взращивания человечества, Он сошел на эту землю. Он исследовал, что понадобится на земле в будущем, и как Ему создать все это. Затем Он приступил к сотворению всего необходимого для жизни на земле.

Человек сотворен по образу Божьему

Бог Троица создал людей по образу Своему на шестой день творения. Это не значит, что человеку было дано только внешнее сходство с Богом. Это также означает, что наши сердца были созданы по подобию Божьего сердца.

Но из-за непослушания Адама люди утратили изначальный образ, полученный при сотворении, и грехи все больше оскверняли их. Потеря Адамом образа Божьего не означает потерю внешнего сходства; это значит, что он лишился природы Божьей, в которой есть благоухание святости. Люди состоят из духа, души и тела, однако в результате греха дух человека стал мертвым. С того времени они перестали отличаться от животных, которые состоят только из души и тела.

Но когда пришло время, Бог послал на эту землю Иисуса, Который должен был открыть путь к спасению так, чтобы каждый мог спастись. Всем, кто принимает Иисуса Христа, Бог дает в дар Святого Духа. И тогда мертвый дух человека возрождается, и он может начать восстанавливать утерянный образ Божий. Святой Бог желает, чтобы в Его детях тоже была святость. Поэтому он настоятельно призывает нас: «*... будьте святы, потому что Я свят*» (1-е посл. Петра, 1:16).

Бог смотрит не на внешность человека, а на его сердце. Противостав грехам, сражаясь с ними вплоть до пролития крови и избавляясь от всех форм зла, мы можем стать истинными детьми Божьими. Утраченный образ Божий может восстановиться в нас, и наша духовная форма начнет светиться настолько ярко, насколько мы уподобимся Богу, Кто есть Свет.

В 1-м послании Иоанна, 5:18, говорится: *«Мы знаем, что всякий, рождённый от Бога, не грешит; но рождённый от Бога хранит себя, и лукавый не прикасается к нему»*. Бог защищает тех, кто живёт по Слову Божьему и не грешит. Излучаемый ими яркий свет не даёт врагу, дьяволу и сатане, приблизиться к ним.

Бог сотворил мир и людей для того, чтобы обрести истинных детей, в которых есть образ Божий. Но, практически, почти ни один человек со времён сотворения не возделал и не возделывает в себе образ Божий. Из множества родившихся людей, начиная с Адама, никто по-настоящему не возделывал в себе такого сердца, которое было бы угодно Богу, за исключением горстки людей. Бог ходил с такими людьми, и они являли Его славу своей жизнью. Они совершали мощные деяния, которые превышают пределы человеческого воображения. Илия низвёл с небес огонь; Авраам положил на жертвенник своего единственного сына Исаака как жертву всесожжения; апостол Павел был верен всей своей жизнью и любовью. Когда Бог видел таких людей, Он испытывал огромную радость.

И наоборот, даже среди тех, кому нашлось применение на Божьей ниве, были такие, которых нельзя назвать истинными людьми Божьими. Пример тому Елисей, который всему научился от Илии и получил дух вдвое больший, чем у Илии. Но его сердце не было таким же совершенным, как у Илии (4-я кн. Царств, 2:24). Когда дети шли за ним и насмехались над ним, он их проклял. Тогда вышли две медведицы и растерзали сорок два ребенка.

Лот видел благость Авраама, но не смог возделать в себе такое же, как у Авраама, благое сердце. Благодаря Аврааму он получил материальные благословения, Авраам спас его от опасности. Тем не менее, он не смог возделать в себе идеальное сердце.

Конечно же Елисей совершил множество удивительных дел, и люди говорили, что он был мужем Божьим. Но лишь потому, что они уважали его, как пророка. Истинный человек Божий не тот, которого в какой-то момент Бог может использовать для осуществления своих целей. Это человек, восстановивший в себе образ Божий, человек со святым и чистым сердцем, в котором нет ни пятна, ни порока.

Мы не можем увидеть Бога напрямую

После грехопадения Адама никто из живущих на первых небесах не способен видеть Того, Кто есть сам Свет. Бог есть Дух, и мы не можем увидеть Его своими физическими глазами. Более того, в Исходе, 33:20, говорится: *«Лица Моего не можно тебе увидеть, потому что человек не может увидеть Меня и остаться в живых»*.

Илия был восхищен на Небеса, не увидев смерти, и все же он не мог смотреть на Бога напрямую. В 3-й книге Царств,

19:12-13, говорится: *«После землетрясения огонь, но не в огне ГОСПОДЬ; после огня веяние тихого ветра. Услышав [сие], Илия закрыл лицо свое милотью своею, и вышел, и стал у входа в пещеру. И был к нему голос, и сказал ему: что ты здесь, Илия?»* Илия покрыл свое лицо милотью, как только услышал голос Бога.

В Книге Судей, 13:22, также говорится: *«И сказал Маной жене своей: верно, мы умрем, ибо видели мы Бога»*. Маной – отец Самсона. В Книге пророка Исаии также говорится: *«…горе мне! погиб я! ибо я человек с нечистыми устами, и живу среди народа также с нечистыми устами, – и глаза мои видели Царя, ГОСПОДА Саваофа»* (Кн. пророка Исаии, 6:5).

Людей поражала смерть, когда они входили на территорию Бога или касались того, что было отделено для Бога. Это произошло с жителями Вефсамиса, которые были убиты за то, что заглядывали в ковчег ГОСПОДА (1-я кн. Царств, 6:19).

Так как увидев напрямую лицо Божье, люди умирают, Бог являет им Себя неявно. Он показывает Себя в пламени куста, в огне или в облаке. Иногда Он проявлял себя в знамениях, в частности, разделив Красное Море и остановив солнце и луну; или в чудесах, когда хромые начинали ходить, слепые – видеть, глухие – слышать, немые – говорить, а мертвые воскресали.

Бог также явил Свой образ через Иисуса Христа, о чем

в Послании к Колоссянам, 1:15, сказано: *«... Который есть образ Бога невидимого, рожденный прежде всякой твари»*. В Евангелии от Иоанна, 1:18, написано: *«Бога не видел никто никогда; Единородный Сын, сущий в недре Отчем, Он явил»*; и здесь же, в Евангелии от Иоанна, 14:9, Иисус говорит: *«... Видевший Меня видел Отца; как же ты говоришь: „покажи нам Отца"?»*

Многие люди говорят сегодня, что верят в Бога, но в действительности они не знают, Кто Он, и не понимают Его сердца и воли. Они пытаются вообразить себе Бога, исходя из собственных представлений. Они напоминают лягушку, живущую в колодце, которая думает, что маленькое круглое небо, которое она видит, и есть все небеса. Аналогичным образом, когда люди не могут разделить с Богом Отцом истинную любовь, тогда им становится чуждо видеть тех, кого Бог любит.

Иисус явил нам образ Божий

Почему Иисус в Евангелии от Иоанна, 14:9, сказал: *«Видевший Меня видел Отца»*? Иисус – в Боге Отце, а Бог – в Иисусе, поэтому Они полностью едины. По этой причине слова, произнесенные Иисусом, не были Его собственными, они были даны Ему Богом Отцом.

В Евангелии от Иоанна, 12:49-50, написано: *«Ибо Я говорил не от Себя; но пославший Меня Отец, Он дал Мне заповедь, что сказать и что говорить. И Я знаю,* что заповедь Его есть жизнь вечная. Итак, что Я говорю, говорю, как сказал Мне Отец»; а в Евангелии от Матфея, 15:30-31, мы читаем: *«И приступило к Нему множество народа, имея с собою хромых, слепых, немых, увечных и иных многих, и повергли их к ногам Иисусовым; и Он исцелил их; так что народ дивился, видя немых говорящими, увечных здоровыми, хромых ходящими и слепых видящими; и прославлял Бога Израилева».*

Когда Иисус свидетельствовал об Отце, Бог показывал Свое всемогущество через знамения и чудеса, через сверхъестественные и удивительные вещи. Те, кто верили Иисусу и следовали за ним, видели силу Божью и воздавали славу Богу. Но те, кто не верили Иисусу, оставили Его и разбрелись. Они были очевидцами удивительных деяний Божьих, но не поверили Иисусу, так как все, что Он говорил и делал, было несовместимо с их собственными теориями и знаниями.

Так как Иисус был полностью един с Богом Отцом, Он добровольно прошел ужас и проклятие крестного пути, чтобы исполнить провидение спасения. Он был един с сердцем Бога, Который хотел спасти грешное человечество, хотя это и был путь страданий. Его и Божья воля совпадали в том, что Он Сам должен был стать искупительной жертвой. Поэтому Иисус без колебаний прошел этот путь, несмотря на то, что, по человеческим понятиям, этот путь был узким и тяжким.

Почему мы не должны делать никаких изображений Бога?

В 3-й главе Книги Исхода Бог воззвал к Моисею у горы Хорив из пламени горящего куста. Бог повелел ему привести сынов Израилевых, страдавших в Египте, в землю обетованную, в Ханаан. Почему Бог явился в пламени горящего куста?

Очевидно, что куст должен сгореть в огне. И если огонь не уничтожил куст и в то же время пламя не гаснет, то это невероятно. Бог хотел показать Моисею существование нетленного духовного мира.

Кроме того, куст считался символом проклятия, так что, Божий посланник, явившийся в пламени горящего куста, указывает на то, что Бог управляет всем, в том числе и проклятием, символом которого является куст. А это, в свою очередь, дает духовное представление о том, что враг, дьявол и сатана, находится под контролем Бога. После сорока лет испытаний, в очах Божьих, Моисей стал человеком достойным, и в результате Бог призвал его стать лидером Израильтян.

Но позже, у горы Хорив, когда Бог явил Себя сынам Израилевым в пламени огня, они лишь слышали Его голос, но не видели никакого образа. Бог напомнил им об этом позже и категорически запретил делать какие бы то ни было Его изображения: *«Твердо держите в душах ваших, что вы не видели никакого образа в тот день, когда говорил к вам ГОСПОДЬ на Хориве из среды огня, дабы вы не развратились и не сделали себе изваяний, изображений какого-либо кумира, представляющих мужчину или женщину, изображения какого-либо скота, который на земле, изображения какой-либо птицы крылатой, которая летает под небесами, изображения какого-либо [гада], ползающего по земле, изображения какой-либо рыбы, которая в водах ниже земли; и дабы ты, взглянув на небо и увидев солнце, луну, и звезды, [и] все воинство небесное, не прельстился, и не поклонился им, и не служил им, так как ГОСПОДЬ, Бог твой, уделил их всем народам под всем небом»* (Второзаконие, 4:15-19).

Почему Бог сказал это? Люди, сами имея вполне определенную форму, склонны представлять себе и образ Бога. Бог был обеспокоен тем, что если они станут делать это, то ограничат Божественное естество жесткими рамками образа. Изображение Бога, которое создадут люди, не поможет им глубже понять Бога. Обманутые ложными представлениями о Нем, они, скорее всего, не увидят истинного облика Бога. Что, в свою очередь, может привести к идолопоклонству, которое Бог ненавидит больше всего.

Бог есть Дух. Так, как же мы можем сделать Его изображение или описать Его? Поэтому, когда Моисей попросил Бога показать ему Себя, Он пообещал явить ему Свое благоволение, а не реальный, материальный образ.

Точно так же, как вода, замерзнув, становится льдом или,

кипя, превращается в пар, Бог может явить себя в различных формах, у которых одна природа. Так как Он есть Дух, а физические возможности людей ограниченны, то таким образом Он помогает людям лучше понять Его.

Величие и облик Бога

На страницах Библии мы встречаем выражения, которые говорят о разных частях Божьего тела, например, *«очи Твои»* (4-я кн. Царств, 19:16), *«уши Твои»* (Кн. Неемии, 1:6), *«руки»* (Кн. пророка Исаии, 65:2). Только ли символическое значение вкладывается в эти выражения? Нет, не только.

Бог – это не аморфная субстанция. У Него есть определенная форма. Но Он, в отличие от людей, которые состоят из духа, души и тела, обладает формой, являющейся исключительно Духом. Бог пребывает в форме сияющих огней, и смотреть на Него напрямую мы не сможем. Кроме того, Он принципиально отличается от людей, в том смысле, что Адам сначала обрел форму, а затем был наполнен истиной; Бог же изначально есть сама Истина, и лишь потом Он приобрел форму.

Некоторые могут подумать, что Бог существует в огромном теле, потому что Он Творец, Который создал все в этой вселенной и Который управляет ею. Конечно же Его форма огромна, но Он может свободно менять ее. Поэтому мы не можем представить своим человеческим разумением, какова Его форма.

Даже после того как мы взойдем на Небеса, мы будем принципиально отличаться от Бога. Люди будут обладать духовным телом, которое на этой земле прошло через возделывание человечества в физическом теле. Бог, однако, может иметь форму, но Он может быть и вне формы. Тогда как люди будут облечены в определенную форму, которая на Небесах не изменится вовеки. Это все равно, как гипс, которому мы можем придать любую форму, но как только мы зафиксируем ее, вернуться к исходной массе будет уже невозможно.

Бог может, не имея формы, быть только Светом, но Он может также и облечься в форму. На четвертых небесах Бог обычно не приобретает форму, и там Он существует как Свет и Голос. Он облекается в форму, когда Он встречается с пророками или когда спускается на третьи небеса, в Царство Небесное. Когда необходимо, Он облекается в форму, а когда в этом нет нужды, Он этого не делает. Он свободно контролирует и величину своей формы.

На четвертых небесах все сущее не обладает фиксированным состоянием – твердым, жидким или газообразным. Форма всего сущего может беспрепятственно меняться, согласно тому, как Бог хранит ее в Своем сердце. Итак, Бог изначально существовал как свет и звук, у которых не было формы, но, когда Он сходит на третьи небеса, Он приобретает определенную форму.

Первый человек, Адам, был создан по этому образу – образу Бога на третьих небесах, который мы также будем видеть, когда попадем на Небеса. Но даже если Он облечен в одну и ту же форму, есть разница между тем, как Он выглядит на четвертых небесах и как – на третьих небесах. Потому что в разных измерениях свет, слава, величие и вообще все выглядит по-разному.

К примеру, один и тот же кристалл будет иметь разные оттенки, в зависимости от того, какой свет падает на него и где он находится. По аналогии с этим, изначальный Бог на четвертых небесах обладает иными величием и формой, чем в более низком измерении. Хотя это все тот же духовный мир, формы выглядят по-разному в других пространствах, и эта разница еще более очевидна, когда Бог нисходит до первых небес, в физическое пространство.

Более того, из этого физического мира видеть Бога через открытый в духовный мир коридор и видеть Бога, сошедшего на эту землю и поместившего Себя в ограниченное физическое пространство, – это две совершенно разные вещи. Пророки или ангелы не могут облекаться в форму, соответствующую лимитированному физическому пространству, и они остаются такими же, какие они и в духовном пространстве. А Бог, замыслив это в Своем сердце, может облечься в форму, подобающую любому пространству, так как Он – Творец, Который создал все эти разные пространства. Он может появиться в физическом пространстве, находясь в духовном пространстве, и Он также может явиться в физической форме, видимой для глаз людей.

Появление Бога через духовный коридор

Мы можем найти множество мест в Библии, рассказывающих о том, как Бог сходил на эту землю в ходе взращивания человечества. Как же Бог это делает?

В Бытии, 11:5, говорится: *«И сошел ГОСПОДЬ посмотреть город и башню, которые строили сыны человеческие»*; Сам Бог сошел на эту землю, чтобы увидеть, что делают люди. А в Исходе, 19:18, описывается, как Он спустился, чтобы увидеться с Моисеем: *«Гора же Синай вся дымилась оттого, что ГОСПОДЬ сошел на нее в огне; и восходил от нее дым, как дым из печи, и вся гора сильно колебалась»*; и в Числах, 11:25, сказано: *«И сошел ГОСПОДЬ в облаке, и говорил с ним, и взял от Духа, Который на нем, и дал семидесяти мужам старейшинам. И когда почил на них Дух, они стали пророчествовать, но потом перестали»*.

Бог не связан с изменениями в потоке времени. И физическое и все духовные пространства принадлежат Ему. Но факт остается фактом, что Он и до сих пор использует духовный коридор для того, чтобы спуститься на эту землю. Он мог бы не пользоваться духовным коридором, но Он не нарушает правил справедливости, которые Он Сам установил.

В то время как Бог присутствовал там, плотские люди не могли Его видеть. Однако те, чьи духовные глаза были открыты и кто общался с Богом, могли видеть Бога настолько, насколько они вошли в дух. Конечно, речь не идет о том, чтобы видеть Бога, стоя лицом к лицу, но они могли ощутить Его присутствие в пределах, разрешенных Богом.

В Исходе, 33:11, говорится: *«И говорил ГОСПОДЬ с Моисеем лицом к лицу, как бы говорил кто с другом своим...».* Но это не значит, что Моисей видел непосредственно само лицо Бога. Это означает, что Бог явил Себя Моисею особенным образом, чтобы Моисей, даже увидев славу Бога, не умер. Это было возможно потому, что Моисей был кротчайшим из всех людей на земле и был верен во всем доме Божьем.

В Исходе, 33:18-19, говорится: *«[Моисей] сказал: покажи мне славу Твою. И сказал [ГОСПОДЬ]: Я проведу пред тобою всю славу Мою и провозглашу имя Иеговы пред тобою, и кого помиловать – помилую, кого пожалеть – пожалею».*

Но из Книги Исхода, 33:23, мы понимает, что Моисей видел Бога не в лицо, а лишь Его спину. Он был более кротким и смиренным, чем кто-либо на земле, и он был верным во всем доме Божьем, и все же не мог напрямую увидеть Божий лик, потому что был ограничен возможностями физического тела.

Бог явился Аврааму

В 18-й главе Книги Бытия мы читаем, о том, что Авраама посетили три мужа, и он от всего сердца служил им. Это был тот случай, когда Бог Святой Дух и два архангела явились в форме людей. Бог Святой Дух един с Богом Отцом, и Он, по желанию Своего сердца, может появиться в образе человека внутри физического пространства.

А как же тогда два архангела могли появиться в облике людей? Своими силами они бы не смогли принять форму, приемлемую для физического пространства, однако это стало возможным, так как они были с Богом Святым Духом и в пространстве Бога Святого Духа. Но появление Бога Святого Духа и двух архангелов в обличье людей не означает, что они стали обычными человеческими созданиями. Они просто поместили свою духовную форму внутри формы человека, чтобы стать видимыми в физическом пространстве.

Трое мужей, то есть Бог Святой Дух и два архангела, ели пищу, поданную им Авраамом (Исход, 18:8), но они делали это иначе, чем люди. Им не нужно было жевать и переваривать пищу, подобно людям. Как только они что-то съедали, они выдыхали это, и все испарялось в воздухе. Это похоже на то, как воскресший Господь ел, и еда растворялась и исчезала в воздухе с дыханием. Конечно же быть временно в форме, адаптированной к физическому пространству, это не то же самое, что быть в воскресшем теле. Воскресшее тело – это физическое тело, которое на этой земле преображено в духовное тело, но тем трем мужам на тот момент необходимо было тело, приемлемое для физического пространства.

Бог Дух Святой должен был сойти на эту землю с двумя архангелами, приспосабливаясь к этому физическому пространству, для того чтобы Самому осмотреть Содом и Гоморру. Разумеется, чтобы сделать это, Он мог бы сойти и в виде духа, но у Него была причина пойти на эту землю и увидеть все собственными глазами.

Два архангела явились в человеческом обличье, и именно поэтому сумели достоверно убедиться в том, насколько развратились жители этих городов. Горожане увидели красоту двух архангелов и потребовали их со злым умыслом. Бог Святой Дух и два архангела смогли непосредственно испытать и прочувствовать то зло, которое было в людях Содома и Гоморры, потому что они предстали перед ними в реальном человеческом облике.

В Бытии, 18:13, говорится: *«И сказал ГОСПОДЬ Аврааму…»*. Из этого мы можем сделать вывод, что Тот, Кто явился Аврааму, был ГОСПОДОМ Богом. Но так как сказано, что Авраам видел трех мужей, понятно, как именно выглядел Бог, когда предстал перед Авраамом.

Бог мог использовать несколько путей, для того чтобы явить Себя Аврааму. Он мог прийти к нему во сне или в видении, либо Авраам мог просто услышать Его голос. Эти методы открывали духовное пространство перед Авраамом, который находился в физическом пространстве, чтобы он мог увидеть и прочувствовать Бога, Который находился в духовном пространстве. В таких случаях человек может увидеть Бога и услышать Его голос, только если его духовные глаза и уши открыты. Если духовные глаза у человека закрыты, он никогда не увидит того, что происходит в духовном мире, хотя Бог и будет с ним.

Но когда Бог появился вместе с двумя архангелами, то это уже было совсем другое дело. В тот момент Бог не просто открыл духовный коридор в физическое пространство, чтобы явить Себя в физическом пространстве. В этом случае Бог действительно вошел в физическое пространство, и хотя не буквально, но до некоторой степени, Он облёкся в форму, свойственную физическому пространству.

Если в первом случае мы видим Бога как бы по телевизору, то во втором – Бог, условно говоря, выходит из него. Если Бог являет Себя в физическом пространстве, облекшись в форму с ограниченными возможностями, но адаптированную к физическому пространству, то люди могут видеть Бога в образе человека, даже если их духовные глаза ещё не открыты.

Господь в форме мощного сияния

А каково обличье Бога Сына? Иногда мы слышим, как люди говорят, что видят Господа во сне или в видениях. Многие из них утверждают, что Он был полон милосердия и любви; это потому, что Бог убирает Свой свет, чтобы явить Себя исполненным милосердия. Если бы Он показал свою Божественную власть на уровне Бога Творца, то никто не осмелился бы взглянуть на Него.

Вот почему, не имея мира со всеми и не став освящёнными, мы не сможем увидеть Господа на Небесах (Посл. к Евреям, 12:14). Свет Господа слишком мощный. Только те, кто войдут в дух и полноту духа, смогут увидеть Господа, так как они тоже будут излучать сильный духовный свет.

Апостолу Иоанну Господь явился в видении. Он описал глаза, ноги и волосы Господа в деталях. Мы можем также представить образ Бога Отца, основываясь на описании облика Господа.

В Откровении, 1:14-15, говорится: *«Глава Его и волосы белы, как белая волна, как снег; и очи Его – как пламень огненный; и ноги Его подобны халколивану, как раскаленные в печи, и голос Его – как шум вод многих».*

Волосы Господа здесь сравниваются с белой волной, и это значит, что в Нем нет зла, и Он есть совокупность совершенства и благости. Написано, что «очи Его – как пламень огненный», но это не значит, что очи Его внушают страх. Это означает, что они освещают все вокруг себя и согревают других своим теплом. Это также означает, что они сжигают все грехи и зло. Никто не может скрыться от очей Господа, и все будет изобличено пред Ним. Сказано также, что Его ноги подобны раскаленному халколивану, то есть бронзе. Чем дольше плавить бронзу, тем чище она становится. Мы часто видим в литературе сравнения: глаза красивой женщины сравниваются с мерцающими звездами, а губы – с вишнями. Точно так же Иоанн сравнивает ноги Господа с раскаленной бронзой. Люди считают ноги самой грязной частью тела. А Иоанн написал, что даже стопы Господа святы и достойны почтения.

В Откровении, 1:16-17, также говорится: *«...и лицо Его*

— как солнце, сияющее в силе своей. *И когда я увидел Его, то пал к ногам Его, как мертвый. И Он положил на меня десницу Свою и сказал мне: не бойся; Я есмь Первый и Последний».*

Апостол Иоанн был человеком освященным и достойным получить откровения от Бога, но он пал пред Господом, как мертвый. Господь возложил на Иоанна Свою правую руку, сказав ему не бояться. Это значит, что Господь поручил ему написать Книгу Откровения, которая пробудит многих людей в конце времен, и скрепил это возложением руки. Кроме того, Господь утешил Иоанна, чтобы он мог с миром исполнить свою обязанность.

Божий образ, увиденный апостолом Иоанном

Апостол Иоанн увидел Престол Божий и то, что было вокруг него, и написал об этом в Книге Откровения, в 4-й главе. Он видел событие, которое произойдет спустя долгое время после того, как он описал его. Так же, как в этом случае, с разрешения Бога мы можем оказаться в любом месте и в любое время, как в прошлом, так и в будущем, преодолевая пространство и время. Мы можем видеть Небеса и ад, время, предшествующее сотворению, а также Суд Великого Белого Престола, который произойдет в будущем.

В случае с апостолом Иоанном, его дух отделился, чтобы увидеть духовный мир. Отделение духа предполагает в данном случае, что дух человека оставил его тело. Человек может видеть духовный мир также в видении, но в видении мы не все можем видеть. Поэтому, когда Бог хочет показать нам полную картину, Он действует через отделение духа. Так как же апостол Иоанн видел Бога и Его престол?

До того как ему исполнилось девяносто, он претерпел так много испытаний и гонений ради имени Господа. Он был брошен в котел с кипящим маслом, но благодаря промыслу Божьему остался невредимым. Он был изгнан на остров Патмос. И на этом острове, углубившись в молитвы, он получил откровения от Бога. К тому времени он был полностью освящен молитвами и многими испытаниями, через которые ему довелось пройти. Он получил откровения, обретя святость, и поэтому его дух мог подняться так высоко – до уровня Божьего престола.

В Откровении, 4:3, он так описывает Божий престол:

«И Сей Сидящий видом был подобен камню яспису и сардису; и радуга вокруг престола, видом подобная смарагду».

По особому Божьему провидению, Иоанн увидел Бога и Его престол, но он не мог видеть детали Божьего лица, потому что свет, который излучало Его лицо, был очень сильным. Так же, как мы не можем смотреть на солнце из-за яркого света, мы не сможем выдержать сияние Божьего лика до тех пор, пока в нас есть духовная тьма. Чтобы увидеть лик Божий, мы должны избавиться от зла и обрести сердце Бога, став совершенным светом. Увидеть Божий лик смогут только те, кто вошли в Третье Царство Небесное или выше.

Дух Иоанна поднялся до Божьего престола, но он не мог видеть реальные очертания Божьего лица. Поэтому он сказал, что Бог был подобен камням яспису и сардису.

Слова «подобен камню яспису» символизируют многообразие света, излучаемого Богом. Яспис содержит целый спектр красивых оттенков, подобных тому обилию оттенков света, которые исходят от Бога. Яспис также ассоциируется с чистотой, с непорочностью, честностью и праведностью. Апостол Иоанн описывал Бога, сравнивая Его с драгоценным камнем, который ценится на этой земле.

А сравнение с сардисом указывает на то, что Бог прекрасен, Он ярок и великолепен, как пламя огня. Сардис, имеющий красноватый цвет, символизирует свет Бога Святого Духа. Бог Отец и Бог Святой Дух едины, и свет, который содержит в себе Святой Дух, есть также и в Боге Отце. Таким образом, цвет ясписа и сардиса можно увидеть в сиянии Бога Троицы.

Радуга является символом обетования (Бытие, 9:12-13). Бог показывал радугу как знамение Его завета о том, что после Ноя Он уже никогда не накажет человечество водами потопа. В пределах того, что дано было увидеть Иоанну, радуга представилась ему, словно смарагд, изумрудного цвета.

Зеленый цвет символизирует стойкость, мужество и силу Бога. В лазерном шоу мы видим, как в отдельные мгновения появляются лучи разного цвета. Разноцветные лучи света мерцают в определенной последовательности или все разом, создавая более грандиозный эффект. Каждый человек, увидев такое представление, по-своему опишет его красочность. Один сделает акцент на каких-то конкретных цветах, другой опишет многообразие оттенков, используя разные примеры.

Апостол Иоанн видел свет, исходивший от Бога, Престол Божий и свет разных оттенков, излучаемый радугой вокруг престола, и описал их, сравнивая с драгоценными камнями. Так что, мы не должны думать, что оттенки света, исходящего от Бога и Его престола, похожи просто на драгоценные камни. Попробуйте под водительством Святого Духа представить себе всю красоту этого многообразия света.

Причастность к Божьему естеству

Бог существует на четвертых небесах как свет, а внутри этого света звучит мелодичный голос. И это самый сильный свет и самые прекрасные краски, которые ни с чем нельзя сравнить. Таинственность и чистота света изначального Бога наполняют все пространство. Это невозможно описать человеческим языком и нельзя сравнить с чем-либо земным. Если вы попадаете в это пространство, то вы видите таинственный свет Божий и чувствуете широту Его сердца. Лишь несколько избранных людей, чье пространство и измерение сердца находятся в единстве с Богом, могут войти в это пространство с разрешения Бога. Если же в это пространство войдет неподобающий человек, то его дух рассеется и исчезнет.

Если мы войдем в измерение совершенного света как дети Света, то наше сердце станет единым с Богом. Тогда будет происходить то, что сокрыто в нашем сердце, и мы станем являть невообразимую силу Божью. Для того чтобы сделать это, мы должны восстановить утерянный облик Божий и обрести сердце Бога. Близость нашего общения с Богом зависит от того, насколько мы покончили со всеми формами зла и достигли полноты духа, чтобы стать совершенным светом. Стоит только в своем духовном развитии достичь этой стадии, и мы получим все, о чем просим в молитве, а также займем высокое положение в Царстве Небесном.

В той мере, в какой мы достигли святости и обрели сходство с сердцем Бога, мы, выйдя за рамки возможностей человека, сможем использовать пространство Бога и тогда увидеть облик Бога. Моисей видел Божий лик, так как был кротчайшим из людей этой земли и был верен во всем доме Божьем. Авраам видел Бога, Который сошел на эту землю в физической форме, ибо он был очень близок к совершенному свету.

Бог создал план взращивания человечества, чтобы обрести истинных детей, и Его таинственная сила наполнила нас всем необходимым для жизни и благочестия. Поэтому мы должны прекратить быть тщетными и бесплодными в истинном познании нашего Господа, Иисуса Христа. Мы можем твердо стоять в избрании позвавшего нас Бога, показывая в вере своей добродетель, в добродетели – рассудительность, в рассудительности – воздержание, в воздержании – терпение, в терпении – благочестие, в благочестии – братолюбие, в братолюбии – любовь.

Во 2-м послании Петра, 1:3-4, мы читаем: *«Как от Божественной силы Его даровано нам все потребное для жизни и благочестия, через познание Призвавшего нас славою и благостию, которыми дарованы нам великие и драгоценные обетования, дабы вы через них соделались причастниками Божеского естества, удалившись от господствующего в мире растления похотью».*

Соделаться «причастниками Божеского естества» для нас означает обрести совершенный свет, достаточный, чтобы раствориться в Божьем свете. Тогда мы сможем иметь доступ в пространство Бога. Если мы обретем свет, подобный совершенному свету Бога, мы станем причастными к Божьему естеству и пройдем вперед, в пространство, в котором обитает изначальный Бог. Итак, что же мы должны сделать, чтобы быть причастными к Божьему естеству?

Во-первых, мы должны возделать совершенное духовное сердце.

Мы должны стать едиными с Богом, Кто есть Дух, то есть нам необходимо возделать совершенное духовное сердце.

Если в нас есть хоть какие-то проявления зла, плотские мысли или стереотипы мышления, то мы не сможем быть причастными к Божьему естеству. Чтобы наше сердце было духовным, мы должны удерживаться от всякого зла (1-е посл. к Фессалоникийцам, 5:22) и плотских помышлений (Посл. к Римлянам, 8:6).

Бог желает, чтобы в нас было полностью духовное, истинное и искреннее сердце, что и означает обладать сердцем духа. Только обладая подобным сердцем, мы сможем понять, что действительно желают Бог, Господь и Святой Дух. Иисус пришел на эту землю и испытал голод, скорби, усталость и боль. Он исполнял Слово Божье и исполнил Закон с любовью.

Несмотря на то, что Он, имея тело человека, претерпел много боли, Он продолжал следовать воле Божьей. Он ни с кем не ссорился, не повышал Свой голос, но всецело исполнил волю Божью, пожертвовав Собой. Так что нам не следует находить себе оправдания, говоря, что человек слаб. Мы должны стать причастными к Божьему естеству, избавившись от всех форм греха и зла и совершая благочестивые дела, и иметь благое сердце.

Каким сердцем вы обладаете? Я рассказывал о качествах, которые должны быть свойственны нам, чтобы мы могли быть допущены в пространство света; и мы можем проверить себя по ним. Мы можем проверить, в какой мере мы избавились от дел плоти, плотских помышлений и зла и возделали благость, соответствующую желанию Бога; насколько сильно и искренне мы любим Бога и распространяем благоухание благости; сколько плодов Святого Духа и Заповедей блаженства мы принесли.

Например, если мы можем жить в мире со всеми людьми, то это значит, что мы обладаем духовным сердцем, что близки к свету Господа и до этой степени стали «причастниками Божеского естества». Мы можем сказать, что обладаем совершенным духовным сердцем только тогда, когда принесем плоды Святого Духа, духовной любви, описанной в 13-й главе 1-го послания к Коринфянам, плоды Заповедей блаженства и плоды Света, причем не на 50 или 60 процентов, а на все 100 процентов.

Во-вторых, мы должны молиться под водительством Святого Духа.

Богу не угодна молитва, совершаемая из чувства долга. Он желает, чтобы благоухание нашей искренней молитвы возделывало в нас сердце Бога. Люди могут молиться одинаковое количество времени, однако сердце каждого человека источает разный фимиам. Некоторые довольствуются тем, что просто посвящают ежедневной молитве определенное количество времени, а другие, пребывая в молитвах, даже не замечают, сколько времени прошло, так как чувствуют себя счастливыми, молясь Богу и меняя себя из любви к Нему.

Предполагается, что мы должны являть дела духовной сферы в этом физическом мире. Чтобы исполнить это, нам следует получить силу и власть от Бога, Который пребывает в духовном пространстве. Поэтому наши молитвы не должны совершаться только лишь из чувства долга. Бог хочет, чтобы мы из любви к Нему вкладывали в молитву все свое сердце.

Чтобы получить силу от Бога, мы должны возносить духовные молитвы, которые могут, пройдя сквозь физическое пространство, отворить духовное пространство. Чтобы это произошло, мы должны молиться не только тогда, когда считаем нужным, или молиться с праздными мыслями в голове. Такие молитвы не могут пройти сквозь физическое пространство. Они просто пропадут. Бога невозможно растрогать такими молитвами. Если ваши дети упорно и с жадностью требуют дать им только то, что они хотят, какие чувства это вызывет у вас, как у родителей? Вы, вероятно, будете расстроены.

В 1-м послании к Коринфянам, 2:10, говорится: *«А нам Бог открыл [это] Духом Своим; ибо Дух все проницает, и глубины Божии»*. Мы должны молиться под водительством Святого Духа, Который в нашем сердце. Тогда мы сможем молиться в соответствии с волей Божьей, а также будем знать, что делать. Став едиными со Святым Духом, дарованным нам, мы сможем открыть двери в духовное пространство и общаться с Богом, Который пребывает в духовном пространстве.

В-третьих, мы должны любить и принимать каждого с великодушной щедростью.

Духовное сердце, которое подобно сердцу Бога, всегда наполнено любовью и щедростью, и, тем не менее, я еще раз хочу сделать акцент на любви и щедрости. Ведь мы должны научиться любить окружающих, потому что мы любим Бога, и нам нужно иметь широкое и щедрое сердце, способное вместить каждого. Нам следует быть исполненными любви и щедрости и заботиться о каждом, кто проходит через трудности или чувствует усталость. Широту сердца Бога невозможно измерить, Он трогательно и заботливо печется о сиротах, вдовах и обо всех отверженных.

Когда мы даже в малом проявляем заботу о других и с великодушием укрепляем их в вере, то это делает нас причастными к Божьему естеству. Мы должны осознавать себя и меняться по Слову Божьему, чтобы стать «причастниками Божеского естества».

Если мы обладаем совершенным сердцем света и причастны к Божьему естеству, то, как я уже объяснял, можем войти в пространство света и пространство Бога. И если мы войдем в пространство Бога, то увидим особый свет этого пространства. Мы будем также чувствовать сердце Бога, такое широкое и огромное. И, несмотря на то, что наше физическое тело находится в физическом пространстве, мы сможем применять Божье пространство, которым владеем в своем сердце, чтобы являть чудеса, которые находятся за пределами человеческого понимания.

В 1-м послании Иоанна, 1:5, говорится: *«И вот благовестие, которое мы слышали от Него и возвещаем вам: Бог есть свет, и нет в Нем никакой тьмы»*. Если мы пребываем в совершенном свете Божьем, то есть обладаем одним сердцем с Богом, то все, что мы примем в сердце свое, осуществится благодаря силе, величие которой человек не может себе и представить.

Я молюсь во имя Господа, чтобы вы обрели права, которые позволили бы вам жить, наслаждаясь всеми благословениями, данными Аврааму, и чтобы вы заняли прославленное положение на Небесах, в вечном пространстве Света.

Автор – д-р Джей Рок Ли

Д-р Джей Рок Ли родился в 1943 году в городе Муан, в провинции Джэоннам Корейской Республики. Начиная с двадцати четырех лет, д-р Ли страдал от различных неизлечимых заболеваний и в течение семи лет ждал смерти, без какой-либо надежды на исцеление. Но однажды, весной 1974 года, сестра привела его в церковь, где он упал на колени и молился, и Живой Бог мгновенно исцелил его от всех болезней.

С того момента, как д-р Ли встретил Живого Бога, благодаря этому чудесному исцелению, он искренне возлюбил Бога всем сердцем и был призван в 1978 году на служение Богу. Он усердно молился, чтобы ясно уразуметь волю Божью, полностью исполнить ее и повиноваться всякому слову Божьему. В 1982 году он основал Центральную церковь «Манмин» в городе Сеуле (Южная Корея), и с того момента бесчисленные дела Божьи, включая чудесные исцеления и знамения Божьи, были явлены в этой церкви.

В 1986 году д-р Ли был рукоположен в пасторы на ежегодной Ассамблее Корейской церкви Христа в Сингкуоле, а спустя ещё четыре года, в 1990 году, его проповеди начали транслироваться по каналам Дальневосточной вещательной компании, Азиатской вещательной компании и Вашингтонской христианской радиостанции в Австралии, России, на Филиппинах и во многих других странах.

Через три года, в 1993 году, журнал *Christian World* (США) внес Центральную церковь «Манмин» в список пятидесяти лучших церквей мира; колледж Христианской веры в штате Флорида (США) присвоил д-ру Ли степень почетного доктора богословия; а в 1996 году Теологическая семинария Кингсвэй (штат Айова, США) присвоила ему степень доктора теологии.

С 1993 года д-р Ли, проведя евангелизационные служения в Танзании, Аргентине, Лос-Анжелесе, Балтиморе, на Гавайях, в Нью-Йорке (США), Уганде, Японии, Пакистане, Кении, на Филиппинах, в Гондурасе, Индии, России, Германии и Перу, Демократической Республике Конго, Израиле и Эстонии, стал одним из лидеров мировой миссионерской деятельности.

В 2002 году, за его усилия по проведению ряда впечатляющих объединенных христианских фестивалей, ведущие христианские газеты Кореи назвали его лидером религиозного возрождения мирового масштаба. В частности, на Нью-Йоркском христианском фестивале 2006 года, который проводился на всемирно известной арене Мэдисон Сквер Гарден и транслировался на 220 стран, а также на Межкультурном Израильском фестивале 2009 года, проведенном в Международном центре конвенций в Иерусалиме, он смело объявил, что Иисус Христос – Мессия и Спаситель. Его проповеди транслировались на 176 стран по спутниковым каналам, включая GCN TV. В 2009-м и 2010-м годах популярный русскоязычный христианский портал In Victory и новостное агентство Christian Telegraph, за его мощное телевещательное служение и пасторское служение за рубежом, назвали д-ра Ли в числе 10-ти самых влиятельных христианских лидеров.

По данным на апрель 2016 года, Центральная церковь «Манмин» объединяет более 120.000 членов. У церкви более 10.000 дочерних и ассоциативных церквей во всем мире, включая 56 филиала в самой Корее. Кроме того, более 102-ти миссионеров направлены в 23 страны, включая США, Россию, Германию, Канаду, Японию, Китай, Францию, Индию, Кению и многие другие страны.

На момент публикации этой книги д-р Ли написал 104-х книг, в том числе такие бестселлеры, как *«Откровение о вечной жизни в преддверии смерти»*, *«Моя жизнь, моя вера»* (I и II), *«Слово о Кресте»*, *«Мера веры»*, *«Небеса»* (I и II), *«Ад»* и *«Сила Божья»*. Его книги уже переведены на 76 языков мира.

Его статьи на тему христианской веры регулярно публикуются в следующих периодических изданиях: *The Hankook Ilbo, The JoongAng Daily, The Dong-A Ilbo, The Seoul Shinmun, The Hankyoreh Sinmun, The Kyunghyang Shinmun, The Korea Economic Daily, The Korea Herald, The Shisa News* и *The Christian Press*.

В настоящее время д-р Ли возглавляет многие миссионерские организации и ассоциации. Он, в частности, является главой правления Объединенной церкви святости Иисуса Христа, основателем и председателем правлений «Глобальной христианской сети» (GCN), «Всемирной сети врачей-христиан» (WCDN) и Международной семинарии Манмин (MIS).

Другие, наиболее яркие книги, написанные этим автором

Небеса I & II

Подробный рассказ о великолепных условиях, в которых живут граждане Неба, и красочное описание разных уровней Небесных царств.

Слово о Кресте

Действенное пробуждающее послание ко всем, кто пребывает в духовном сне. Прочтя эту книгу, вы узнаете, почему Иисус является единственным Спасителем, и познаете истинную любовь Бога.

Ад

Серьезное послание к человечеству от Бога, Который не желает, чтобы даже одна душа оказалась в пучине ада! Вы откроете для себя доселе не известные подробности жестокой реальности Нижней могилы и ада.

Дух, Душа и Тело I

Через духовное понимание духа, души и тела, которые являются компонентами человека, читатели смогут исследовать свое «я» и получить представление о самой жизни

Мера Веры

Какая обитель и какие венцы и награды приготовлены для вас на Небесах? Эта книга содержит в себе мудрость и наставления, необходимые для того, чтобы измерить свою веру и взрастить ее до меры полной зрелости.

Пробудись, Израиль!

Почему Бог заботится об Израиле от начала времен и до сего дня? Какое провидение последних дней Бог приготовил для Израиля, ожидающего Мессию?

Моя Жизнь, Моя Вера I & II

Жизнь, которая расцвела благодаря несравненной любви Бога посреди мрачных волн, тяжести бремени и глубокого отчаяния, и источает самый благоуханный духовный аромат.

Сила Божья

Книга, которую необходимо прочитать, дает важные наставления о том, как обрести истинную веру и испытать чудесную силу Божью.

www.urimbooks.com

www.ingramcontent.com/pod-product-compliance
Lightning Source LLC
LaVergne TN
LVHW010316070526
838199LV00065B/5585